Dr. Dieter Semmler

Wohnmobil-Stellplatzführer

Spanien

Mittelmeerküste

Costa Brava – Costa del Maresme – Costa Daurada
Costa del Azahar – Costa de Valencia – Costa Blanca
Costa Calida – Costa de Almeria – Costa del Sol
Costa de la Luz

11 Wochenreisen mit dem Wohnmobil
Übernachtungsplätze in wohnmobilfreundlichen Gemeinden

Alle Plätze selbst ausgesucht, angefahren und beurteilt

90 % aller Plätze zum Nulltarif
Traumhaft schöne Plätze am Strand
Wohnmobil- und Caravanplätze
Koordinaten und farbige Stellplatzfotos

rid+verlag
Wohnmobil-Stellplätze

Titelbild: San Luis

2. Auflage 2012
Herausgeber: RID+Verlag, Schloßhof 2–6, D-85283 Wolzach
Texte: Barbara und Dieter Semmler
Fotos: Dr. Semmler

ISBN 978-3-941951-15-0

Inhaltsverzeichnis

In der Markthalle von Valencia

Touren an der spanischen Mittelmeerküste

Blick von einem Stellplatz auf stürmische See

Blick auf die Küste bei Mazarrón

Wohnmobilplätze in Spanien

Im Hinblick auf Stellplätze für Wohnmobile ist Spanien noch ein Entwicklungsland. Es gibt bisher nur sehr wenige offizielle Stellplätze. Eine Entwicklung zur Einrichtung von Mobilplätzen durch Gemeindeverwaltungen und Privatpersonen ist bisher nicht zu erkennen. Die Kommunen sollten in den nächsten Jahren aber erkennen, dass eine neue, finanzstarke Urlaubergruppe, die Wohnmobiltouristen, entstanden ist.

Stellplätze für Wohnmobile in Spanien, die zum Zeitpunkt der Drucklegung bekannt und für einen Aufenthalt geeignet sind, wurden in diesem Buch aufgenommen. Stellplätze und Parkplätze, die den einfachsten Anforderungen nicht genügen, z. B. wegen Lärmbelästigung, zu kleiner Plätze, sehr schräger Stellflächen, fehlendem Rangierraum, schmaler Einfahrten, Belegung durch Pkw, wurden nicht in diesem Buch aufgenommen.

Wir führen Sie zu den ruhigsten und schönsten Stellplätzen, zu Stellplätzen in Gemeinden und Städten, zu Stellplätzen mitten in der Natur, zu Stellplätzen unmittelbar an der Küste. Wir führen Sie auch zu den kostenfreien Plätzen. Wir führen Sie nicht zu unzumutbaren Plätzen, weil solche Schlaf- und Aufenthaltsplätze den Wohnmobilurlaubern nicht zugemutet werden können. Wir wollen unseren Lesern einen erholsamen Aufenthalt und einen schönen Urlaub bieten. Sie erleben bei unseren Stellplätzen Klasse statt Masse. Farbige Stellplatzfotos geben Ihnen einen Eindruck von der Anlage und der Umgebung.

Wir unterscheiden zwischen **Parkplatz** und **Stellplatz**. Die Parkplätze sind in den Tabellen und im Stellplatzteil mit einem gelben Balken, die Stellplätze mit einem grünen Balken versehen.

1. Parkplätze (gelber Balken):

Viele Parkplätze in besonders reizvoller Lage, am Strand oder in der Nähe einer Stadt sind in diesem Buch aufgenommen worden. Die Übernachtung zur Wiederherstellung der Fahrtüchtigkeit ist auf diesen Plätzen nur für eine Nacht erlaubt. Camping-Betrieb ist unbedingt zu unterlassen. In Spanien ist die Gesetzeslage ähnlich wie in Deutschland. Verbotsschilder für das Parken von Wohnmobilen sind selten, sollten aber unbedingt beachtet werden. Die spanische Polizei fährt häufig Kontrollen und toleriert außerhalb der Saison fast immer die Anwesenheit von Wohnmobilen auf Parkplätzen.

2. Stellplätze (grüner Balken und Wohnmobil-Symbol):

Diese Stellplätze sind für Wohnmobile ausdrücklich zugelassen oder reserviert, entweder auf einem Teilbereich des Platzes oder auf dem gesamten Parkplatz. Die Kennzeichnung des Platzes mit dem Wohnmobil-Symbol ist meistens am Platz vorhanden, fehlt aber fast immer auf der Anfahrroute. Ver- und Entsorgungseinrichtungen sind manchmal vorhanden, Stromanschlüsse sind selten. Die Aufenthaltsdauer ist meistens nicht begrenzt.

Stellplätze für Wohnmobile und Caravan (Wohnwagen, Gespanne). Diese Plätze sind in diesem Buch zusätzlich mit dem Caravan-Symbol gekennzeichnet.

In den Tourenbeschreibungen, in den Tabellen und im Stellplatzverzeichnis (Seite 172) sind die Wohnmobilstellplätze durch Fettdruck gekennzeichnet. Im Stellplatzteil des Buches sind die Wohnmobilstellplätze nicht nur durch den grünen Balken, sondern auch durch das Wohnmobil-Symbol deutlich hervorgehoben. Die Plätze für Wohnmobil und Caravan haben zusätzlich das Caravan-Zeichen erhalten.

Diese Klassifizierung der Plätze ist eine Aussage über die Ausstattung der Plätze und über die Aufenthaltsdauer, nicht aber über die Lage des Platzes. Die Anzahl der Sterne kennzeichnet dagegen die Lage. Alle Plätze sind mit einem, zwei, drei oder vier Sternen bewertet. Die Beurteilung mit **drei Sternen** bedeutet immer eine sehr ruhige und schöne Lage, ausreichend Parkraum und eine gute Zufahrt. Bei **zwei Sternen** fehlt eines dieser Merkmale, eine ruhige Lage ist aber gewährleistet. Ist der Platz mit nur **einem Stern** eingestuft, so führt meistens eine Straße am Platz vorbei. Solche Plätze sind für eine Übernachtung nur zu empfehlen, wenn sich die Insassen des Wohnmobils durch Verkehrsgeräusche nicht stören lassen. **Vier Sterne** erhält ein **Traumplatz**, ein sehr schön angelegter Stellplatz, wenn er in einer sehr ruhigen und reizvollen Umgebung liegt und ein erholsamer Aufenthalt gewährleistet ist. In diesem Buch haben 13 Superplätze vier Sterne erhalten. Die Ausstattung kann aber sehr unterschiedlich sein und wird durch die oben ausgeführte Klassifizierung gekennzeichnet:

Platz	Ferienlandschaft	Seite
Calabardina, Playa	Costa Calida	129
Canada de Gallego, Playa	Costa Calida	127
Carreona, Playa de los Cocodores	Costa Calida	131
Carreona, Playa de Carolinas	Costa Calida	131
Gola De Pujol, Playa de la Dehesa Nord	Costa de Valencia	101
Gola De Pujol, Playa de la Dehesa Süd	Costa de Valencia	102
La Marina, Platja del Pinet Süd	Costa Blanca	114
La Sanxa, Playa de la Dehesa	Costa de Valencia	103
Peratallada, Ortsrand	Costa Brava	39
San Juan los Torreros, Playa de La Entrevista	Costa Calida	132
Retamar, Playa de Torre Garcia	Costa de Almeria	144
Riumar, Ebro-Ufer	Costa Daurada	79
Rodalquilar, Playa del Playazo	Costa de Almeria	140

Oft haben Fahrer großer Wohnmobile Schwierigkeiten, Wohnmobilplätze mit schmalen Zufahrten anzufahren, durch enge Einfahrten zu gelangen, auf den Plätzen zu rangieren und zu wenden oder auf einer zu kleinen Stellfläche einzuparken. Wir haben in der Beschreibung der Plätze auf solche Schwierigkeiten durch die Vermerke **„Für große Wohnmobile nicht geeignet" (ab 8 Metern Länge)** und **„Für sehr große Wohnmobile nicht geeignet" (ab 10 Metern Länge)** hingewiesen. Auch Höhen-, Breiten- und Gewichtsbegrenzungen sind in den Beschreibungen der Plätze zu finden. Es gibt in einigen Regionen wenig Ver- und Entsorgungsmöglichkeiten für das Wohnmobil. In diesen Fällen empfiehlt es sich, zur Ver- und Entsorgung einen Campingplatz aufzusuchen und dort auch zu übernachten.

Wohnmobilplätze am Strand sind in der **Strandliste** (Seite 15) zu finden. Wohnmobilplätze in den spanischen Gemeinden und Städten sind in der **Städteliste** (Seite 14) zusammengefasst. Die Gemeindenverwaltungen verlangen nicht immer eine Gebühr. Kostenfreie Stellplätze finden Sie in der **Null-Liste** (Seite 11). **90 % aller in diesem Band aufgeführten Plätze sind kostenfrei.**

Die Anfahrt zu den Stellplätzen wurde, wie in allen unseren Wohnmobil-Stellplatz-Führern, genau beschrieben, um jedem die Anfahrt zu den Plätzen zu ermöglichen. Für die Besitzer eines **Navigationsgerätes** wurden die notwendigen Daten (Bezeichnungen, Straßennamen und/oder GPS-Koordinaten) der Stellplätze angegeben. Für einige Plätze außerhalb der Ortschaften, z. B. am Strand, gibt es keine Straßennamen. Diese Plätze können mit einem Navigationsgerät nur nach den Koordinaten erreicht werden.

In den letzten Jahren hat sich in Deutschland das Koordinatensystem in Grad, Minuten und Sekunden in den Navigationsgeräten und in der Literatur durchgesetzt. Wir haben deshalb dieses System übernommen und geben Grad, Minuten und Sekunden an. Zur Erleichterung für andere Navigationsgeräte und zu Ersparnis der Umrechnung haben wir gleichzeitig das ebenfalls geläufige Koordinatensystem in Grad und Minuten mit Dezimalstellen statt Sekunden angegeben, zum Beispiel:
Koordinaten: 41° 58,62' Nord, 3° 05,56' Ost.
Koordinaten: 41° 58' 37" Nord, 3° 05' 34" Ost.

Sind bei Ihrem Gerät die Koordinaten nur in Grad, Zehntel-, Hundertstel- und Tausendstel-Grade statt Minuten und Sekunden angeben, so ist eine entsprechende Umrechnung notwendig. **Unsere Anfahrtbeschreibung führt Sie jedoch auch ohne Navigation sicher zu allen Stellplätzen.**

Ein Maßstab für die Größe des **Stellplatzes** ist die Zahl der angegebenen Stellflächen. Bei diesen Angaben wird aber eine Belegung der Hälfte der Parkflächen von Übernachtungsplätzen durch Pkw angenommen, was wohl selten zutrifft. Es muss berücksichtigt werden, dass Übernachtungsplätze an Sportstätten und am Strand am Tage durch PkWs belegt sein können. In der Saison und an Wochenenden sollten solche Plätze abends angefahren werden.

Die Stellplatzmöglichkeiten sind für 3, 5, 10, 20, 30, 50 und 100 Wohnmobile gestaffelt. Falls die Zahl der Wohnmobilplätze vom Eigentümer angegeben oder am Platz gekennzeichnet ist, wird die genaue Zahl der Plätze aufgeführt. Sehr große Wohnmobile sollten die Stellplätze für 3 und 5 Wohnmobile und die Plätze mit schmalen Zufahrten nicht anfahren, weil möglicherweise der Platz belegt ist und Wendemanöver nur unter Schwierigkeiten ausgeführt werden können.

Alle Stellplätze sind im Verlaufe der Routen durchgehend nummeriert und mit Beschreibung, Anfahrt und Hinweisen versehen. Auf der Kopfleiste ist der Ort, die Provinz und die Bezeichnung des Platzes angegeben, z. B. *Tarifa (Cadiz) Windsurf Bar ** SG-7*. Die Angabe der Provinz erleichtert das Auffinden des Ortes auf der Landkarte. Am oberen linken Rand der Seite ist sowohl im Text, bei der Skizze, bei der Tabelle wie auch bei den Stellplätze die Ferienlandschaft immer in einem roten Balken angegeben, z. B. *Costa del Sol*. Den einzelnen Reiserouten ist eine Skizze vorangestellt, aus der die Lage und Nummer der Stellplätze zu erkennen ist. Der Pfeil zeigt auf die Lage des Stellplatzes, nicht immer auf die Ortschaft. Die Skizze ist nach der Route und der Küste benannt.

Für jede Route ist eine Tabelle der Stellplätze zusammengestellt worden, aus denen Sie den für Sie geeigneten Platz auswählen können. Die Tabelle gibt Auskunft über die Lage und Größe des Platzes, über die Entfernung zum Ortszentrum, über die Aufenthaltsdauer und über die nähere Umgebung, zum Beispiel über Häuser, Gaststätten, Toiletten, Strände. **Die Preise ändern sich oft nach oben**. Es muss deshalb mit Abweichungen von den Preisen zur Zeit der Drucklegung gerechnet werden.

Legende für die Tabellen

****	sehr ruhige und sehr schöne Lage.
***	sehr ruhige und schöne Lage.
**	ruhige und gute Lage.
*	keine ruhige Lage.
A	Stellplätze gestaffelt nach 3, 5, 10, 20, 30, 50, 100 Wohnmobilen. Dabei wird bei Übernachtungsplätzen angenommen, dass nur die Hälfte des Platzes zur Verfügung steht und die andere Hälfte durch andere Fahrzeuge belegt ist.
B	Fußweg in Minuten, x bedeutet über 15 min Fußweg.
C	Aufenthaltsdauer in Tagen.
D	Gebühr in Euro pro Mobil in Spanien für 24 Stunden.
P	Parkgebühr in der Saison.
T	Aufenthaltsdauer einige Tage.
U	Aufenthaltsdauer unbegrenzt.
fett	Übernachtungsplatz oder Wohnmobilplatz.
(gelb)	Parkplatz
(grün)	Wohnmobilplatz

Sobald uns **wichtige Änderungen** auf den Stellplätzen in Spanien bekannt werden sollten, veröffentlichen wir diese Änderungen **auf unserer Internet-Seite www.ridverlag.de** unter dem Schalter **News**, so dass Sie rechtzeitig Ihre Reiseplanung ändern können. Wichtige Änderungen sind z.B. neue Stellplätze, Abschrankungen, Verlegungen, Ver- und Entsorgungsanlagen. Ständige Änderungen, wie Preiserhöhungen, werden nicht veröffentlicht.

Unterwegs und doch zu Hause, an den schönsten Orten Europas, wo immer unsere Reise hingeht, wir verbringen unsere Tage im eigenen Haus, mal am Meer, mal in den Bergen, mal in einer Stadt, ganz nach Lust und Laune. Wir sammeln vielfältige Eindrücke in unterschiedlichen Regionen, ohne täglich die Koffer zu packen. Ein Traum ist wahr geworden. Wohnmobil-Urlaub, das ist die schönste Sache der Welt.

Wir wünschen unseren Lesern erlebnisreiche Tage, ruhige Nächte und einen erholsamen Urlaub in Spanien, aber auch in Deutschland, Dänemark, Italien, Frankreich, Österreich, Belgien, Holland, Luxemburg, in der Schweiz, in Griechenland, Slowenien, Kroatien oder Polen. Von diesen Ländern können wir für unbeschwertes, mobiles Reisen Stellplatzführer zur Verfügung stellen.

Null-Liste
Stellplätze ohne Gebühren

Ort	Bezeichnung	Seite
Agua Amarga	Playa	140
Algeciras-Getares	Playa de Getares	168
Almardá	Playa	91
Almayate	Niza Beach	155
Altafulla-El Mèdol	**Raststätte**	**72**
Avinyonet del Penedès	**Art Cava**	**70**
Baneras-El Penedès	**Raststätte**	**70**
Balerma	Playa Limpia Nord	146
Balerma	Playa Limpia Süd	146
Barbate	Leuchtturm	172
Benicassim	Ort	90
Blanes	Ort	51
Bolnuevo	Playa	127
Calabardina	Bucht	130
Calabardina	Cabo Copo	130
Calabardina	Strand	129
Calarreona	Playa de Carolinas	131
Calarreona	Playa de Los Cocedores	131
Calella	Cap Roig	48
Campoamor	Playa La Glea	116
Canada de Gallego	Playa	127
Castellbisbal-El Llobregat	**Raststätte**	**63**
Castelldefels	La Pineda	71
Castellón	Playa del Pinar	90
Conil	Playas	172
Constanti	Centcelles	73
Creixel	Platja do Creixel	71
Deltebre	Eco-Museu	76
Deltebre	Information	76
Deltebre	Platja Marquesas	77
El Altet	Playa D'Altet	112
El Cabo de Gata	Fischerhafen	143
El Candado	Hafen	156
Elche-Pusol	MH Vicky	112
El Palmar	L'Albufera	102
El Poblenou	Ortsrand	80
El Puig	Platja El Puig Nord	98
El Puig	Platja El Puig Süd	99
El Saler	Platges Nord	100
El Saler	Platges Süd	101
Estepona	Dominion Beach	160
Estepona	Palacio de Exposiciones	161
Figueres	**Esclat**	**34**
Figueres	Ort	33
Garrucha	Playa de Quitapellejos	133
Girona	Esplanada de Sauló	37
Gola De Pujol	Playa de la Dehesa Nord	101
Gola De Pujol	Playa de la Dehesa Süd	102
Guardeas Viejas	Playa Limpia Nord	145
Guardeas Viejas	Playa Limpia Süd	145
L'Almerada	Platja de L'Almerada	75
La Azohia	Playa	126
La Caleta de Vélez	Puerto Nord	154
La Caleta de Vélez	Puerto Süd	155
La Isleta	Playa des Penon	141
La Manga	**Camping La Manga**	**118**
La Manga	Playa Esculls	118
La Marina	Platja del Pinet Bucht	113
La Marina	Platja del Pinet Nord	113
La Marina	Platja del Pinet Süd	114
La Mora	**Raststätte**	**72**
La Pera	Mehrzweckhalle	37
La Sanxa	Playa de la Dehesa	103
Las Chapas	Simbad el Marino	158
L'Emporda	**Raststätte**	**35**
L'Hospitalet	Platja Cristal	74
L'Hospitalet	Platja de Arsenal	75
Lloret de Mar	Waterworld	51
Los Escullos	Playa del Arco	141
Malgrat	Marineland	58
Malgrat	Punta de la Tordera	59

Null-Liste

Stellplätze ohne Gebühren

Ort	Bezeichnung	Seite
Malgrat	Strandhafen	59
Marbella-El Rosario	Los Sardinales	159
Masamagrell	Playa	99
Mezquitilla	**Caravanplatz**	**154**
Moncofa	Playa de Pucol	91
Monells	Ortsrand	38
Monistrol de Montserrat	Zahnradbahn	62
Montgat	Platja	61
Mont-Roig	Platja Pixerota	74
Montseny	**Raststätte**	**58**
Navata	**Ort**	**34**
Palamos	Stadion	48
Pals	**Plaza de Catalunya**	**47**
Platja de Pals	Platja del Grau	47
Púbol	Ortsrand	38
Pucol	Playa de Pucol	98
Puerto de Mazarron	Playa	126
Punta de Calnegre	Playa	129
Retamar	Playa de Torre Garcia	144
Rincon de la Victoria	Playa	156
Riumar	Anlegestelle Illa de Buda	78
Riumar	Deltarium	77
Riumar	Ebro-Ufer	79
Riumar	Sportboothafen	78
Rodalquilar	Playa del Playazo	140
Ronda	La Serrania	160
Roses	Agua brava	33
Santa Margarita	Playas las panavas	168
Santa Rosa	Ortsparkplatz	153
Santa Susanna	Ortsrand	60
San José	Ortsparkplatz	142
San Juan los Terreros	Playa de La Entrevista	132
San Julian-Gualdamar	Playa	157
San Luis de Sabinillas	Cesares Playa	161
San Miguel	Playa La Fabriquilla	143
San Pedro de Alcantara	Playa de San Pedro	159
San Pedro del Pinatar	Playa del Mediteraneo	117
San Pedro del Pinatar	Puerto	117
Sant Carles de la Rapita	Port	80
Sant Feliu de Guixols	**Narcis Massanas**	**49**
Sant Jaume	Playa de Migjorn	79
Sotogrande	Puerto	167
Tarifa	Arte	169
Tarifa	Playa de Valdevaqueros	171
Tarifa	Playa des los Lances	169
Tarifa	Ucpa Playa	170
Tarragona	Platja Llarga	73
Torreblanca-Torrenostra	Playa	89
Torre de Domenico	Playa	133
Torre de la Horadada	Playa	116
Torreguadiaro	Playa de Cala Sardina	167
Torremolinos	Chiringuito Playa	158
Torremolinos	Puerto	157
Torroella	El Mas Pinell	46
Torroella	Ort	46
Ullastret	Ciutat Ibérico	39
Valencia	Universitat Valencia	100
Villaricos	Playazo Villaricos	132
Vinaros	Cala Sol de Rui Nord	87
Zahara	Playa del Carmen	171

Am Strand von Santa Susanna

Städteliste

Stellplätze in der Nähe der Ortszentren

Ort	Bezeichnung	Seite
Agua Amarga	Playa	140
Almerimar	**Hafen**	**144**
Barbate	Leuchtturm	172
Barcelona	**Bus Glories**	**63**
Barcelona	**Ronda del Litoral**	**62**
Benicarlo	**La Mersera**	**88**
Benicassim	Ort	90
El Cabo de Gata	Fischerhafen	143
El Palmar	L'Albufera	102
Estepona	Palacio de Exposiciones	161
Figueres	**Esclat**	**34**
Figueres	Ort	33
Garrucha	Playa de Quitapellejos	133
Girona	Esplanada de Sauló	37
La Azohia	Playa	126
La Caleta de Vélez	Puerto Nord	154
La Pera	Mehrzweckhalle	37
Lloret de Mar	Ortsparkplätze	50
Malgrat	Strandhafen	59
Monells	Ortsrand	38
Navata	**Ort**	**34**
Palamos	Stadion	48
Pals	Plaza de Catalunya	47
Peratallada	Ortsrand	39
Púbol	Ortsrand	38
Puerto de Mazarron	Playa	126
Santa Rosa	Ortsparkplatz	153
San José	Ortsparkplatz	142
San Luis de Sabinillas	Cesares Playa	161
San Pedro de Alcantara	Playa de San Pedro	159
Tarragona	Passeig de Torroja	72
Torremolinos	Puerto	157
Torroella	Ort	46
Tossa de Mar	Ortsrand	50
Valencia	Universitat Valencia	100
Villaricos	Playazo Villaricos	132
Zahara	Playa del Carmen	171

In einer spanischen Kneipe

Strandliste

Stellplätze am Strand

Ort	Bezeichnung	Seite
Agua Amarga	Playa	140
Algeciras-Getares	Playa de Getares	168
Almardá	Playa	91
Almayate	Niza Beach	155
Balerma	Playa Limpia Nord	146
Balerma	Playa Limpia Süd	146
Barbate	Leuchtturm	172
Barcelona	**Ronda del Litoral**	**62**
Benicarlo	**La Mersera**	**88**
Benicassim	Ort	90
Bolnuevo	Playa	127
Calabardina	Bucht	130
Calabardina	Strand	129
Calarreona	Playa de Carolinas	131
Calarreona	Playa de Los Cocedores	131
Campoamor	Playa La Glea	116
Canada de Gallego	Playa	127
Castelldefels	La Pineda	71
Castellón	Playa del Pinar	90
Conil	Playas	172
Creixel	Platja de Creixel	71
Deltebre	Platja Marquesas	77
Denia	**Odissea Camper Area**	**103**
El Altet	Playa D'Altet	112
El Cabo de Gata	Fischerhafen	143
El Candado	Hafen	156
El Puig	Platja El Puig Nord	98
El Puig	Platja El Puig Süd	99
El Saler	Platjes Nord	100
El Saler	Platjes Süd	101
Estepona	Dominion Beach	160
Garrucha	Playa de Quitapellejos	133
Gola De Pujol	Playa de la Dehesa Nord	101
Gola De Pujol	Playa de la Dehesa Süd	102
Guardeas Viejas	Playa Limpia Nord	145
Guardeas Viejas	Playa Limpia Süd	145
L'Almerada	Platja de L'Almerada	75
La Azohia	Playa	126
La Caleta de Vélez	Puerto Süd	155
La Isleta	Playa des Penon	141
La Marina	Platja del Pinet Bucht	113
La Marina	Platja del Pinet Nord	113
La Marina	Platja del Pinet Süd	114
La Sanxa	Playa de la Dehesa	103
Las Chapas	Simbad el Marino	158
L'Escala	Platja	36
L'Hospitalet	Platja Cristal	74
L'Hospitalet	Platja de Arsenal	75
Los Escullos	Playa del Arco	141
Los Escullos	**Privater Platz**	**142**
Malgrat	Punta de la Tordera	59
Malgrat	Strandhafen	59
Marbella-El Rosario	Los Sardinales	159
Masamagrell	Playa	99
Mezquitilla	Caravanplatz	154
Moncofa	Playa de Pucol	91
Montgat	Platja	61
Mont-Roig	Platja Pixerota	74
Nerja	**Playazo**	**153**
Peñíscola	**Las Moreras**	**88**
Platja de Pals	Platja del Grau	47
Pucol	Playa de Pucol	98
Puerto de Mazarron	Playa	126
Punta de Calnegre	Playa	129
Retamar	Playa de Torre Garcia	144
Rincon de la Victoria	Playa	156
Rodalquilar	Playa del Playazo	140
Roses	Agua brava	33
S'Agaro	Strand	49
Santa Margarita	Playas las panavas	168
Santa Rosa	Ortsparkplatz	153
Santa Susanna	**Bon Repòs**	**60**
Santa Susanna	Ortsrand	60

Strandliste

Stellplätze am Strand

Ort	Bezeichnung	Seite
San Juan los Terreros	Playa de La Entrevista	132
San Julian-Gualdamar	Playa	157
San Luis de Sabinillas	Cesares Playa	161
San Miguel	Playa La Fabriquilla	143
San Pedro del Pinatar	Playa del Mediteraneo	117
San Pedro del Pinatar	Puerto	117
Sant Carles de la Rapita	Port	80
Sant Jaume	Playa de Migjorn	79
Sant Marti d'Empuries	Platja	36
San Pedro de Alcantara	Playa de San Pedro	159
Tarifa	Arte	169
Tarifa	Playa des los Lances	169
Tarifa	Playa de Valdevaqueros	171
Tarifa	Ucpa Playa	170
Tarifa	Windsurf Bar	170
Tarragona	Platja Llarga	73
Torreblanca-Torrenostra	Playa	89
Torre de Domenico	Playa	133
Torre de la Horada	Playa	116
Torreguadiaro	Playa de Cala Sardina	167
Torremolinos	Chiringuito Playa	158
Torroella	El Mas Pinell	46
Villaricos	Playazo Villaricos	132
Vinaros	Cala Sol de Rui Nord	87
Zahara	Playa del Carmen	171

An der Costa de Maresme

Angler am Meer

An der steinigen Küste

Caravanliste

Ort	Bezeichnung	Landschaft	Mobile/Caravan	Seite
Alcober	Cap y Corb	Costa del Azahar	Mobile und Caravan	89
Barcelona	Parking Glories	Costa del Marecme	Mobile und Caravan	63
Barcelona	Parking Ronda de Litoral	Costa del Maresme	Mobile und Caravan	62
Denia	Finca	Costa de Valencia	Mobile und Caravan	104
Denia	Odissea Camper Area	Costa Valencia	Mobile und Caravan	103
El Llobregat	Raststätte	Costa del Maresme	Mobile und Caravan	63
El Medol	Raststätte	Costa del Maresme	Mobile und Caravan	72
El Penedès	Raststätte	Costa Daurada	Mobile und Caravan	70
L'Emporda	Raststätte	Costa Brava	Mobile und Caravan	35
Los Escullos	Privat-Parkplatz	Costa de Almeria	Mobile und Caravan	142
Mezquitilla	Caravanplatz	Costa del Sol	Mobile und Caravan	154
Montseny	Raststätte	Costa del Maresme	Mobile und Caravan	58
Peñíscola	Las Morenas	Costa del Azahar	Mobile und Caravan	88
Punta de Calnegre	Mobilplatz	Costa Calida	Mobile und Caravan	128
Ramonete	Sprem	Costa Calida	Mobile und Caravan	128
San Rafael	Planes del Reine	Costa del Alzahar	Mobile und Caravan	87
Santa Susanna	Camping Bon Repos	Costa Maresme	Mobile und Caravan	60
Tarifa	Windsurf Bar	Costa de la Luz	Mobile und Caravan	170

An der stürmischen Küste

Stellplätze in Frankreich nahe der spanischen Grenze

Die spanische Mittelmeerküste wird von Frankreich über die Autobahnen A9 (Frankreich) und A7 (Spanien) oder über die Küstenstraßen N114 (Frankreich) und N260 (Spanien) erreicht. Vor der spanischen Grenze können einige Plätze in Frankreich in der Nähe der Autobahn oder der Küstenstraße für eine Übernachtung genutzt werden. Auf der Rückreise von Spanien bieten sie sich ebenfalls für den ersten Aufenthalt auf französichem Boden an.

Frankreich

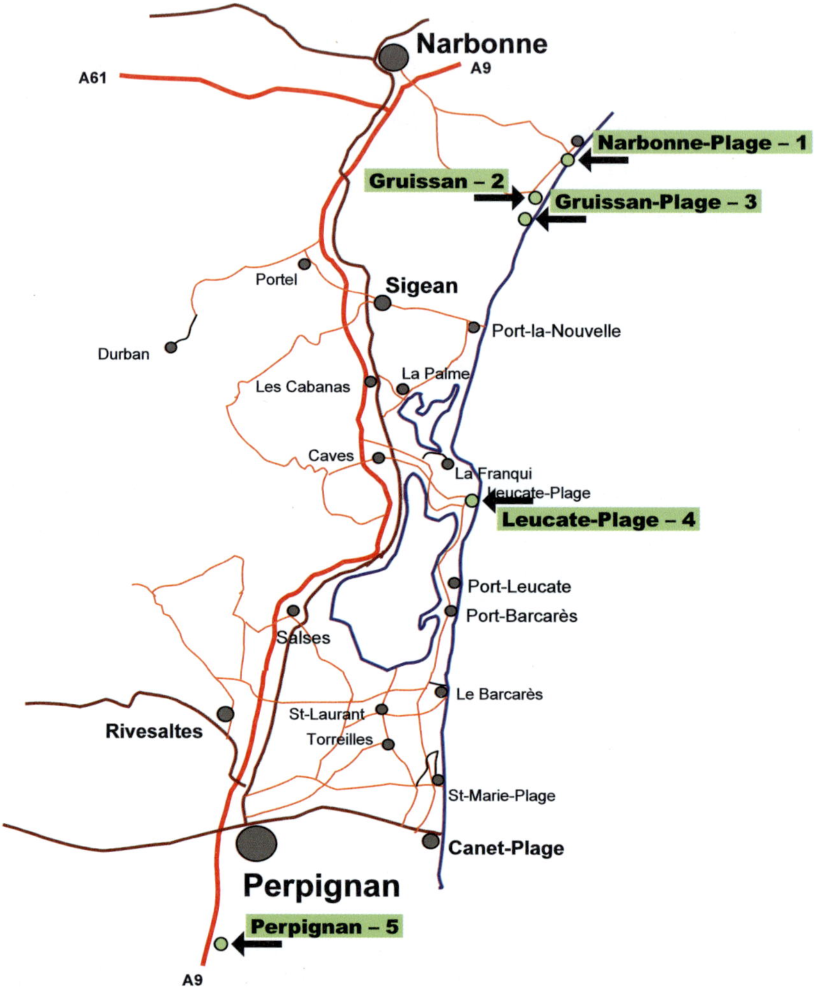

Narbonne
A61
A9
Narbonne-Plage – 1
Gruissan – 2
Gruissan-Plage – 3
Portel
Sigean
Durban
Port-la-Nouvelle
La Palme
Les Cabanas
Caves
La Franqui
Leucate-Plage
Leucate-Plage – 4
Port-Leucate
Port-Barcarès
Salses
Le Barcarès
Rivesaltes
St-Laurant
Torreilles
St-Marie-Plage
Canet-Plage
Perpignan
Perpignan – 5
A9

Narbonne-Plage Wohnmobilplatz Strand** F-1

Befestigter **Wohnmobilplatz** am Strand in ruhiger Lage und landschaftlich reizvoller Umgebung.

Von der Ausfahrt Narbonne-Est der Autobahn A9 Richtung Narbonne-Plage fahren und am Ortsanfang Narbonne-Plage am Meer Richtung Gruissan fahren und dem Wohnmobil-Symbol folgen. 1 km nach der Abzweigung der Küstenstraße wird der Parkplatz links erreicht.
Koordinaten: 43° 8,91' Nord, 3° 9,20' Ost.
Koordinaten: 43° 8' 56" Nord, 3° 9' 12" Ost.

Gaststätte am Parkplatz. Sandstrand am Platz.
Ver- und Entsorgung am Parkplatz.
Aufenthaltsdauer 24 Stunden.
Wohnmobile oft anzutreffen.
Wasserrutsche und Minigolf am Parkplatz.
Surfrevier am Étang.
Pferde-Ranch in der Nähe. Geführte Ausritte.
Carting (Go-Kart-Bahn) in der Nähe.
Besichtigung von Narbonne: Cathédrale Saint-Just, Palais des Archevêques, Basilique Saint-Paul-Serge.
Stellmöglichkeiten für 30 Wohnmobile.
Parkgebühr in der Saison: 5 Euro.
Ebene und leicht schräge Stellflächen.
Stellplatz für Wohnanhänger und Zelte verboten.

Wohnmobilplatz in Gruissan-Plage

Gruissan Aire des 4 ventes **** F-2

Wohnmobilplatz am Yachthafen in sehr ruhiger Lage und in landschaftlich sehr reizvoller Umgebung zwischen Yachthafen und Etang (Binnensee).

Von der Ausfahrt Narbonne-Est der A9 (Montpellier-Perpignan) Richtung Gruissan fahren. Nach 12 km am Ortsanfang von Gruissan rechts Richtung Gruissan-Plage und nach 500 m links Richtung Gruissan-Plage abbiegen. Nach weiteren 500 m links Richtung ecole voila fahren (**Quai du Lebeck**). Noch 300 m bis zum Platz am Ende des Yachthafens.
Koordinaten: 43° 35,6' Nord, 3° 21,6' Ost.
Koordinaten: 43° 35' 37" Nord, 3° 22' 36" Ost.

Hinweis zum Wohnmobilplatz nur am Ortsanfang.
Häuser am Parkplatz. Bäcker und Geschäfte in der Nähe.
WC am Parkplatz. Wasserversorgung, Abwasser- und Fäkalienentsorgung am Parkplatz.
Müllcontainer am Parkplatz.
Bademöglichkeit im Étang am Parkplatz.
Aufenthaltsdauer nicht begrenzt.
Wohnmobile immer anzutreffen.
Breite und lange Sandstrände in Gruissan.
Besichtigung von Gruissan mit Altstadt, Burg, Yachthäfen und modernem Geschäftsviertel.
Besichtigung von Narbonne: Cathédrale Saint-Just, Palais des Archevêques, Basilique Saint-Paul-Serge.
Parkgebühr in der Saison: 6,10 Euro.
Stellmöglichkeiten für 50 Wohnmobile.
Ebene und leicht schräge Stellflächen. Kein Schatten.

Gruissan-Plage Strandplatz *** F-3

Durch Bäume aufgelockerter **Wohnmobilplatz** am Strand in sehr ruhiger und schöner Lage.

Von der Ausfahrt Narbonne-Est der A61 (Montpellier-Perpignan) Richtung Gruissan und nach 10,6 km durch den Kreisel Richtung Gruissan fahren. Nach 600 m rechts Richtung Gruissan-Plage und nach weiteren 600 m links Richtung Gruissan-Plage abbiegen. Nach 1,1 km im Kreisel wieder dem Schild Gruissan-Plage folgen. Am Ende der Straße wird nach 1,8 km der Parkplatz erreicht (**Avenue des Plages**).
Koordinaten: 43° 06,20' Nord, 3° 06,01' Ost.
Koordinaten: 43° 06' 12" Nord, 3° 06' 00" Ost.

Gaststätte, Kiosk und Häuser am Parkplatz.
Aufenthaltsdauer nicht begrenzt.
Wohnmobile immer anzutreffen.
Breiter, feiner Sandstrand. Segeln, Surfen, Wassersport.
Wandern und Radfahren am Meer und am Ètang.
Besichtigung von Narbonne: Cathédrale Saint-Just, Palais des Archevêques, Basilique Saint-Paul-Serge.
Stellmöglichkeiten für 20 Wohnmobile
Parkgebühr in der Saison: 6,10 Euro.
Ebene Stellflächen.
Etwas Schatten durch einzelne Bäume.

Leucate-Plage Wohnmobilplatz Strand **** F-4

Wohnmobilplatz am Strand mit Blick auf das Meer in sehr ruhiger Lage.

Von der Ausfahrt Sigean der A61 (Montpellier-Perpignan) Richtung Leucate fahren und nach der Abzweigung Leucate-Village im Kreisel links Richtung Leucate-Plage abbiegen. Nach 200 m rechts Richtung Par le Front de Mer fahren. Noch 300 m bis zum Parkplatz rechts.
Koordinaten: 42° 53,96' Nord, 3° 02,93'
Koordinaten: 42° 53' 58" Nord, 3° 02' 56"

Gaststätte am Parkplatz. Geschäfte in der Nähe.
Häuser am Parkplatz.
WC an der Entsorgungsstation.
Ver- und Entsorgungsstation am Parkplatz.
Wohnmobile ständig anwesend.
Aufenthaltsdauer nicht begrenzt.
Breiter Sandstrand am Parkplatz. Blick auf das Meer.
Segeln, Surfen, Wassersport.
Parkplatz für Wohnmobile reserviert (Reservé aux V.L.).
Wanderungen und Radtouren an der Küste.
Fahrt entlang der Küstenstraße.
Keine Parkgebühr.
Stellmöglichkeiten für 30 Wohnmobile.
Kein Schatten.

Perpignan Village Catalan ** F-5

Für Wohnmobile und Gespanne reservierter **Caravanplatz** unter Bäumen an der Raststätte Aire du Village Catalan in ruhiger Lage.

Zwischen den Ausfahrten Le Boulon und Perpignan-Sud der Autobahn A9 15 km nördlich der spanischen Grenze. Von beiden Seiten der Autobahn zugänglich.
Koordinaten: 43° 08,60' Nord, 3° 08,49' Ost.
Koordinaten: 43° 08' 36" Nord, 3° 08' 30" Ost

Gaststätte, Kiosk, Geschäfte, Tankstelle und Häuser am Parkplatz.
Durch Grünstreifen von Lkw und Pkw abgetrennte Stellplätze.
Ver- und Entsorgungsstation mit Stromanschluss am Parkplatz.
WC am Parkplatz.
Spielplatz am Parkplatz.
Einkaufen im Katalanischen Dorf: Spezialitäten, handwerkliche Erzeugnisse, Schmuck.
Besichtigung von Perpignan: Palais des Rois de Majorque, Le Castillet, Plage de la Loge, Cathédrale Saint-Jean.
Besichtigung von Elne: Cathédrale Saint-Eulalie mit dem romanischen Kreuzgang, Altstadt.
Fahrt zum Fort de Salses. Fahrt nach Spanien.
Stellmöglichkeiten für 20 Wohnmobile.
Keine Parkgebühr.

Spanien in Kurzfassung

Bevölkerung

40 Millionen Menschen wohnen in Spanien auf einer Fläche von 504782 km^2, das sind 79 Einwohner pro km^2. Zum Vergleich: Deutschland hat 81 Millionen Einwohner und einer Fläche von 356859 km^2, das sind 227 Einwohner pro km^2.

Die Hauptstadt Spaniens ist Madrid mit 3,4 Millionen Einwohnern. Barcelona hat 1,9 Millionen Einwohner. Valencia ist mit 750000 Einwohnern drittgrößte Stadt. 56 Millionen ausländische Touristen sind in der Saison zusätzlich in Spanien und wichtige Devisenbringer für den spanischen Staat. Den größten Anteil unter den Besuchern stellen die Briten mit 16 Millionen, gefolgt von den Deutschen mit 10 Millionen und den Franzosen mit 9 Millionen. Bei diesen hohen Besucherzahlen ist es kein Wunder, dass an der Küste immer noch gebaut wird.

Auf der iberischen Halbinsel und besonders an der Mittelmeerküste siedelten im Laufe der Jahrhunderte viele Völker, Iberer, Phönizier, Griechen, Karthager, Römer, Westgoten und Mauren. Der Name Spanien ist eine phönizische Bezeichnung und kann mit „Kaninchenland" übersetzt werden.

Nur 70% der Spanier sprechen die offizielle Nationalsprache Spanisch (Kastilisch). In den Provinzen Girona, Barcelona und Tarragona wird Katalanisch, in den Provinzen Castellón, Valencia und Alicante Valencianisch geredet. Die Straßenschilder sind in diesen Regionen zweisprachig. Der Katholizismus ist Staatsreligion. Seit dem Tod des Diktators Franco 1975 ist Spanien eine Demokratie. Staatsoberhaupt ist König Juan Carlos. Spanien ist heute Mitglied der Europäischen Union.

Geografie und Klima

Von der Gesamtfläche der Iberischen Halbinsel besitzt Spanien vier Fünftel, Portugal etwa ein Fünftel. Die Pyrenäen im Nordosten bilden die natürliche Grenze nach Frankreich. Die Pyrenäen setzen sich im Nordwesten als Kantabrisches Gebirge fort. Kastilien, die Kernlandschaft im Inneren der Halbinsel, ist durch Randgebirge eingeschlossen. Vier der fünf großen Füsse Spaniens fließen in den Atlantik, nur der Ebro mündet in das Mittelmeer.

Die Mittelmeerküste ist nur zwischen der portugiesischen Grenze und der Straße von Gibraltar und an den Mündungen der Flüsse eine flache Küstenebene. Der höchste Gipfel der Iberischen Halbinsel ist der 3481 Meter hohe Mulhacén in der Sierra Nevada.

An der Nordküste herrscht ein feuchtes Klima mit ständigen Westwinden. Die Sommer an der Atlantikküste sind kühl und die Winter mild. Im übrigen Spanien sind die Sommer trocken, auch am Mittelmeer. Die günstigsten Reisezeiten sind März bis Juni und September bis Dezember. Wegen der großen Hitze sollte man die Monate Juli und August meiden. An der Küste herrschen fast immer leichte bis starke Winde. Die Lufttemperaturen erreichen deshalb am Meer auch im Hochsommer kaum 30°C. Niederschläge sind selten, Gewittergüsse können aber größere Mengen Regenwasser bringen. Cartagena ist die trockenste Gegend Europas. Die Trockenzeit kann im Sommer bis zu 6 Monate betragen. Die Badesaison reicht von Mai bis November. Die Wassertemperaturen betragen im August 22°C in Katalonien und bis zu 24°C in Andalusien.

Erzeugnisse

Landwirtschaftliche Erzeugnisse an der Mittelmeerküste sind Orangen, Zitronen, Dattelpalmen, Gemüse, Reis, Zuckerrohr, Weizen und Kartoffeln. Die Viehzucht von Schafen und Ziegen ist rückläufig. Fischerei ist an der Küste des Mittelmeeres überall zu finden. Gefangen werden in erster Linie Sardinen, Thunfisch und Kabeljau. Werften bestehen vor allem in Cadiz, Cartagena und Valencia. Am Mittelmeer bestehen zahlreiche leistungsfähige Seehäfen, Barcelona, Valencia, Cartagena, Málaga.

Abgeerntete Reisfelder im Ebro-Delta

Sagunto ist ein Zentrum der Stahlindustrie. Metallverarbeitende Industrie ist an der katalanischen Küste ansässig. Zahlreiche Betriebe der Nahrungsmittel- und Konservenindustrie arbeiten an der gesamten Mittelmeerküste. Die Chemie- und Petrochemie-Industrie arbeitet im Raum Barcelona, Raffinerien sind auch in Castellón. Das wichtigste Gewerbe im Küstengebiet aber ist und bleibt die Bauindustrie. Es wird auch weiterhin an der Küste gebaut.

Hilfsdienste

Die Deutsche Botschaft befindet sich in E-28010 Madrid, Calle de Fortuny 8, das Deutsche Generalkonsulat in E-41013 Sevilla, Avenida de la Palmera 19.

Hilfsdienste auf den Autobahnen und Fernstraßen und in den großen Städten sind die Straßenwachtfahrzeuge RACE (Real Automóvil Club de Espana). Im Ort sorgt die Policia Municipal und außerhalb der Ortschaften die Guardia Civil für Ordnung und Hilfe. Der Polizeinotruf wird mit 112 ausgelöst. Den Notarzt ruft man mit 061.

Verkehrsbestimmungen

Die ADAC-Notrufzentrale in München ist rund um die Uhr unter der Telefonnummer 0049-89-22 22 22 zu erreichen. Ein Notruf erreicht den ADAC in Barcelona auch unter der Telefonnummer 93-200 88 00.

Die Höchstgeschwindigkeit für Pkw beträgt innerhalb von Ortschaften 50 km/h, außerhalb von Ortschaften 90 km/h, auf Schnellstraßen mit zwei Fahrspuren in jeder Richtung (Autovía) 100 km/h und auf Autobahnen (Autopista) 120 km/h. Für Wohnmobile über 3,5 t Gewicht betragen die Geschwindigkeitsbegrenzungen 80 km/h auf Straßen außerorts und auf Autobahnen 100 km/h. Die Promillegrenze liegt bei 0,5. Parkverbote gelten an gelben Bordsteinen. Parkgebühren sind an blauen Bordsteinen zu entrichten. Bei Regenfällen ist mit Abblendlicht zu fahren.

Die Küstenautobahnen sind im Norden bis Alicante gebührenpflichtig, im Süden sind die meisten Autobahnen und Schnellstraßen gebührenfrei. Die Tankstellen an den Autobahnen sind 24 Stunden geöffnet, an den Straßen höchstens bis 20.00 Uhr.

Gaststätten und Geschäfte

In Frankreich und Spanien gilt die mitteleuropäische Zeit wie in Deutschland. Auch die Sommerzeit wird in Frankreich und Spanien zur gleichen Zeit eingeführt. Weil Spanien im Westen von Deutschland liegt, wird es dort 60–90 Minuten später hell und auch entsprechend später dunkel als bei uns.

Die Geschäfte sind meistens montags bis samstags von 9 bis 13.00 Uhr und montags bis freitags ab 17.00 Uhr geöffnet. In den Touristenzentren sind die Geschäften auch Samstagnachmittag und am Sonntag offen. Gaststätten sind in der Haupt- und Nebensaison überall zu finden. Lediglich von November bis Februar schließen viele Restaurants aus Mangel an Kundschaft. Die Zeit des Abendessens beginnt nicht vor 19.00 Uhr, meistens um 20.00 oder erst um 21.00 Uhr. In den Bars erhält man meistens auch Tapas, schmackhafte Kleinigkeiten, um den Appetit zu stillen. Museen und Ausgrabungsstätten haben fast alle am Montag geschlossen. Zwischen 13.00 und 16.00 Uhr ist auch mit geschlossenen Museen zu rechnen.

An der Kathedrale von Valencia

Plaza de Cataluna in Barcelona

Felsküste und Sandbuchten

Costa Brava Nord

Tour 1

Die Costa Brava, die wilde Küste der Provinz Girona, ist wohl die bekannteste Küste Spaniens. Der nördliche Abschnitt zwischen der französischen Grenze und den Illes Medes zeigt zerklüftete Felsenküste, kleine zauberhafte Badebuchten und lange Sandstrände am Golf von Roses. Am eindruckvollsten erlebt man die Felslandschaft, die tobende Brandung und die Felsklippen vom Meer aus in nächster Nähe bei einer Schiffstour, einer Bootsfahrt oder einer Paddeltour.

Die wilde Küste ist inzwischen durch den Massentourismus und gewaltige Ferienanlagen gezähmt. Vor allem an den flachen Sandstränden erblickt man heute Skylines von Hochhäusern, hässliche Hotelburgen und ausufernde Feriensiedlungen. Bei Roses ist die Küste zubetoniert. Stellplätze für Wohnmobile sucht man vergeblich.

Einen phantastischen **Panoramablick** haben wir vom Kloster Sant Peres de Rodes in 600 Metern Höhe. Im 9. Jahrhundert wurde das Kloster gegründet und 1798 endgültig verlassen. Gut erhalten sind der Glockenturm, der Wachturm, die dreischiffige Klosterkirche, der doppelstöckige Kreuzgang und einige Klostergebäude.

Sant Peres de Rodes

Das Cap de Creus schiebt sich weit ins Meer hinaus. **Cadaqués** am Kap beeindruckt uns durch seine weißen Häuser und schmalen Gassen am steilen Hang. Sehenswert sind die Kirche Santa Maria aus dem 17. Jahrhundert mit einem vergoldeten Holzaltar und das Centre d'Art Perrot-Moore. In dem Ort lebten zeitweise Picasso und Salvador Dalí. Der begnadete Künstler Dalí schuf hier einen Großteil seines Lebenswerkes, Graphiken, Gemälde, Skulpturen, Reliefs und Monumente. Sandstrände finden wir hier nicht.

Das Landhaus von Salvador Dalí, eine Ansammlung kleiner, miteinander verbundener Fischerhütten in Port Lligat bei Cadaques, ist heute ein Museum. Er zog 1984 nach seiner Geburtsstadt Figueres und starb dort 1989.

Das bedeutendste Touristenzentrum an der nördlichen Costa Brava ist Roses, eine im 8. Jahrhundert v. Chr. von den Griechen gegründete Stadt. Geprägt wird die Stadt durch lange Sandstrände und Bettenburgen aus Stahl und Beton. Nur das umwehrte Gelände der Zitadelle und die Ruinen der romanischen Kirche Santa Maria sind noch Zeugen der Vergangenheit. Am freien Strand verbieten jetzt Verbotsschilder das Übernachten im Wohnmobil. Eine Abstellmöglichkeit finden wir nur am Wasserpark Agua Brava (CBN-1).

Südlich von Roses wandern wir auf guten Wegen durch das Naturschutzgebiet Parc Natural Aiguamolls de l'Empordà, ein weitläufiges Feuchtgebiet mit vielen Sumpfpflanzen und Wasservögeln. Auf einigen Hochständen erhalten wir einen Überblick über die flache Sumpflandschaft und die sandige Küste.

Figueres ist der Geburtsort von Salvador Dalí. Das Lebenswerk des begnadeten Künsters sehen wir im **Teatre-Museu**, ein Haus mit einer riesigen Kuppel und großen Betoneiern auf dem Dach, die Attraktion von Figueres. Unter der Kuppel des Torre Galatea liegt der große Künstler begraben. Leider sind in der Nähe des Museums keine Parkplätze vorhanden. Wir haben unser Mobil auf den großen Parkplätzen im Ort abgestellt und den Weg zum Museum in 20 Minuten zurückgelegt (CBN-2). Am Supermercado Esclat kann man nicht nur die Vorräte ergänzen, sondern auch über Nacht bleiben (**CBN-3**).

Sehenswürdigkeiten in Figueres sind das sternförmige Kastell de Sant Fernan, erbaut 1753 als Bollwerk gegen die Franzosen, das Museu del Joguet mit Spielzeug, Puppen, Drehorgeln und Dreirädern und das Museu de l'Empordià mit Funden und Ausstellungsstücken aus der Landschaft Empordià.

Einen weiteren guten Übernachtungsplatz entdecken wir an einer Gaststätte in Navata (**CBN-4**). Ver- und Entsorgung findet man auf dem Stellplatz in Fortia (**CBN-5**). Zum Ver- und Entsorgen fahren wir zur Raststätte L'Empordià an der A7. Für Wohnmobile und Gespanne besteht hier auch eine Übernachtungsmöglichkeit (**CBN-6**). Wir stellen unser Schlafmobil auf dem Parkplatz bei Sant Marti in der Nähe von L'Escala ab (CBN-7). Am Nachmittag erholen wir uns am Strand, baden im Meer, bummeln durch die Gassen des mittelalterlichen Dorfes, genießen den Blick auf das Meer und essen abends vorzüglich in einer Gaststätte. Eingelegte, gesalzene Sardellen aus L'Escala sind eine Delikatesse in Spanien. Schon die Griechen und Römer haben die kleinen Fische in Einsalzungsbetrieben verarbeitet.

Die größte Sehenswürdigkeit an der nördlichen Costa Brava sind die Ruinen der griechischen Stadt **Ampurias (Empûries)** in der Nähe unseres Übernachtungsplatzes. Wir erkennen die Grundrisse von Tempeln, Geschäften, Häusern, Villen mit schönen Mosaiken und die Reste der Stadtmauer, der Palästra, des Forums und des Amphitheaters. Im Museum sind viele Fundstücke ausgestellt. Von der großen iberisch-griechisch-römischen Stadt ist erst ein Viertel ausgegraben. Vor der Ausgrabungsstätte führt eine kurze, steile Piste durch den Pinienwald zum Strand und zu einem guten Parkplatz am Ufer (CBN-8). Für größere Fahrzeuge ist die Zufahrt allerdings nicht geeignet.

Die Hauptstadt der Provinz Girona liegt 35 Kilometer von der Küste entfernt. Trotzdem sollte niemand versäumen, dieser Stadt einen Besuch abzustatten. In Girona haben die arabische, christliche und jüdische Kultur ihre Spuren hinterlassen. Das jüdische Viertel El Call hat durch mehrstöckige Gebäude und enge Gassen eine romantische Atmosphäre. An der Rambla de la Llibertat, ein Straßenzug in El Call parallel zum Fluss, haben sich unter den Arkaden Geschäfte, Cafés, Restaurants und Nachtlokale angesiedelt.

Wir versuchen, unser Mobil auf den riesigen Parkflächen am Eingang zur Altstadt abzustellen, aber wir haben keine Chance, die Autos stehen schon in den Fahrspuren der Parkplätze. Einige Mobile stehen am Rand der Parkflächen, sie wurden schon am Vormittag abgestellt. Nach einigem Suchen entdecken wir freie Platze an einer Sackgasse unmittelbar am Fluss El Ter (CBN-9). Von diesem Platz benötigen wir auch nur 10 Minuten bis zur Kathedrale und zur Altstadt.

Girona wurde schon von den Iberern gegründet und später von den Römern, Westgoten und Mauren besiedelt. 785 eroberte Karl der Große die Stadt und unterstellte sie dem Grafen von Barcelona.

Von dem zentralen Platz Placa de la Independència führen mehrere Fußgängerbrücken über den Riu Onyar in die Altstadt Barri Vell am Hang. Wir bummeln durch das endlose Gassengewirr mit holprigem Kopfsteinpflaster, erklimmen steile Treppen und durchqueren enge Tore und Bögen. Auf diesem Weg besichtigen wir die Kathedrale aus dem 14. Jahrhundert mit einer barocken Freitreppe aus 90 Stufen und die gotische Kirche Sant Filiu aus dem 11. Jahrhundert. Der mit der Kathedrale verbundene Bischofspalast beherbergt das Diözesanmuseum mit einer ungewöhnlichen Fülle von Kunstwerken aus allen Epochen.

Kathedrale

Weitere Zeugnisse der Vergangenheit sind die Arabischen Bäder, der Palast Palau Agullana aus dem 14. Jahrhundert und der Torre Gironella, ein gewaltiger Turm der mittelalterlichen Stadtbefestigung. Die Hauptgeschäftsstraße Santa Clara verläuft zwischen den Plätzen Placa de la Independència und Placa de Catalunya.

Wir besuchen auch die Ausstellungen Museu Capitular de la Catedral mit dem berühmten Bildteppich aus dem 11. Jahrhundert, Tapís de la Creació, eine Erzählung der Schöpfungsgeschichte, und das Museu d'Art neben der Kathedrale mit Gemälden aus dem 10. bis, zum 20. Jahrhundert.

Unser Ziel ist das Schlösschen in Púbol, das Salvador Dalí seiner Frau Gala geschenkt hat. Im Museum und im Garten können wir einige Werke des surrealistischen Künstlers bewundern. Die großen Parkplätze in La Pera und Púbol eigen sich gut für eine ruhige Übernachtung (CBN-10 und CBN-11).

Monells, ein mittelalterliches Dorf, erwacht allmählich aus seinem stillen Dorfleben und mausert sich zu einer Touristenattraktion. Der kleine Marktplatz mit den alten Häusern aus Feldsteinen und den steinernen Arkaden wirkt besonders anziehend. Auf dem Parkplatz am Ortsrand übernachten wir in einer ruhigen Umgehung (CBN-12).

Monells

Mit einem Abstecher nach Ullastret zum "Pueblo Iberico" machen wir eine Zeitreise in die Vergangenheit bis 600 v. Chr. Wir besichtigen die iberische Siedlung mit mächtiger Wallanlage. In den Resten der Häuser und Räume erkennen wir riesige, tiefe, runde Vorratsbehälter der einstigen Bewohner. Der Parkplatz an der Ausgrabungsstätte in einsamer Lage ist für eine Übernachtung geeignet (CBN-13).

Im Hinterland in den Orten Pals und Peratallada fühlen wir uns ins Mittelalter zurückversetzt. In Peratallada sind alle Häuser aus Feldstein gebaut und restauriert. Wie ein Freilichtmuseen wirkt dieser Ort trotzdem nicht auf uns, denn viele urige Restaurants und einige kleine Geschäfte werden von den Touristen gern besucht. Am Ortsrand sind neue Häuser im Stil der mittelalterlichen entstanden.

Peratellada hat eine dreifache Stadtmauer vor der Altstadt und enge Gassen mit holprigem Kopfsteinpflaster zwischen den restaurierten Häusern. Schmucke Geschäfte, liebevoll eingerichtete Läden und gute Gaststätten verleiten in dem für Touristen herausgeputzten Ort zum Geldausgeben. Vor allem hat die Gemeinde einen neuen, sehr ruhigen wunderbaren Parkplatz mit Toiletten und Wasserzapfstelle vor den Mauern der Stadt eingerichtet (CB-14).

Ein weiterer Höhepunkt der Tour an der nördlichen Costa Brava ist Pals, eine mittelalterliche Stadt mit Burg, Wehrmauern und Kirchen, heute ein Touristenort der Luxusklasse für Gourmets und Golfspieler. Die von einer Mauer umzogene mittelalterliche Altstadt mit Häusern aus Naturstein und gepflasterten Gassen ist nur für Fußgänger zugänglich. Der Sandstrand liegt allerdings 5 km von Pals entfernt. Ein offizieller Stellplatz ist im Ort eingerichtet worden, kann aber nur von kleinen Mobilen angefahren werden.

Tour 1
An der nördlichen Costa Brava

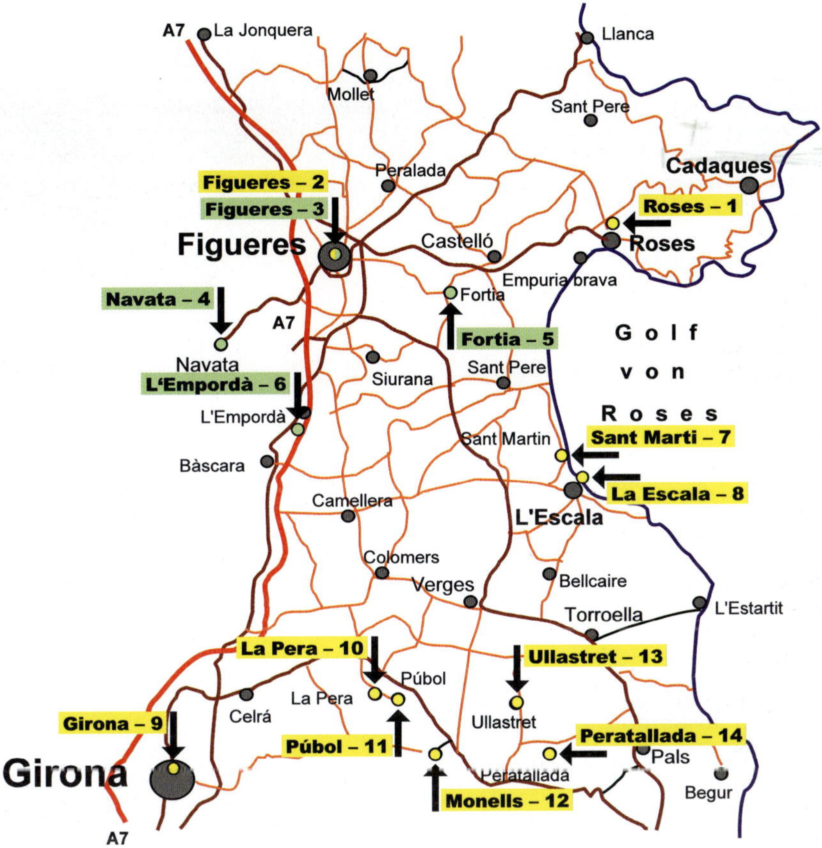

Costa Brava

Tour 1: **An der nördlichen Costa Brava**

Nr.	Ort, Bezeichnung	Stell-plätze A	Gast-haus	Häu-ser	WC	Bad See B	Orts-nähe	Ent-sorg. C	Park-dauer D	Park-gebühr
CBN-1	Roses, Agua brava **	20	+	+	+	-	x	-	1	0
CBN-2	Figueres, Ort *	20	+	+	-	-	20	-	1	0
CBN-3	**Figueres, Esclat ** **	**5**	**+**	**+**	**-**	**-**	**8**	**-**	**1**	**0**
CBN-4	**Navata, Ort ** **	**10**	**+**	**+**	**-**	**-**	**2**	**-**	**1**	**2**
CBN-5	~~**Fortia, Rossbach ****~~	**16**	**-**	**+**	**-**	**-**	**x**	**+**	**U**	**11**
CBN-6	**L'Empordà, Raststätte ***	**10**	**+**	**-**	**+**	**-**	**x**	**+**	**1**	**0**
CBN-7	Sant Marti, Platja de Moll Grec ***	5	+	+	-	+	x	-	1	P
CBN-8	La Escala, Platja **	5	-	-	-	+	x	-	1	0
CBN-9	Girona, Esplanada de Saulo **	5	+	+	+	-	8	-	1	0
CBN-10	La Pera, Gemeindehalle **	20	-	+	-	-	12	-	1	0
CBN-11	Púbol, Ortsrand ***	10	+	+	-	-	3	-	1	0
CBN-12	Monells, Ortsrand ***	5	+	+	-	-	3	-	1	0
CBN-13	Ullastret, Poblade Iberico ***	5	-	-	-	-	x	-	1	0
CBN-14	Peratallada, Ortsrand ****	20	+	+	+	-	5	-	1	P

Legende

****	sehr ruhige und sehr schöne Lage.
***	sehr ruhige und schöne Lage.
**	ruhige und gute Lage.
*	keine ruhige Lage.
A	Stellplätze gestaffelt nach 3, 5, 10, 20, 30, 50 Wohnmobilen. Dabei wird angenommen, dass nur die Hälfte des Platzes zur Verfügung steht und die andere Hälfte durch Pkws belegt ist.
B	Fußweg in Minuten, x über 15 min Fußweg.
C	Aufenthaltsdauer in Tagen.
D	Stellplatzgebühr in Euro pro Wohnmobil und 24 Stunden oder Parkgebühr.
P	Parkgebühr in der Saison.
T	Aufenthaltsdauer einige Tage.
U	Aufenthaltsdauer unbegrenzt.
fett	Wohnmobil-Stellplatz
(gelb)	Parkplatz
(grün)	Wohnmobil-Stellplatz

17480 Roses (Girona) Agua brava** CBN-1

Asphaltierter **Parkplatz** mit einzelnen Bäumen am Wasserpark in ruhiger Lage.

Von der Straße Figueres-Roses am westlichen Ortsrand von Roses Richtung Cadaques abbiegen. Nach 700 m wird links die Zufahrt zum Parkplatz erreicht (Carretera de Roses a Cadaque).
Koordinaten: 42° 16,45' Nord, 3° 09,28' Ost.
Koordinaten: 42° 16' 27" Nord, 3° 09' 17" Ost.

Gaststätte und WC im Wasserpark.
Häuser in der Nähe.
Go-Kart-Bahn am Platz.
Tankstelle in der Nähe.
Supermarkt und Keramik-Verkauf in der Nähe.
Ganzjährig zugänglich.
Besuch des Parc natural dels Aiguamolls de l'Empordá (Naturpark für Wasservögel).
Besichtigung der Ruinen von Ampurias.
Wandern an der Küste und in den Pyrenäen.
Ausflug nach Figueres.
Ausflug zur Costa Brava.
Fahrt nach Girona.
Fahrt zum Kloster San Pedro.
Keine Parkgebühr.
Ebene, asphaltierte Stellflächen für 20 Wohnmobile.
Etwas Schatten durch einzelne Bäume.

17600 Figueres (Girona) Ort* CBN-2

Asphaltierter **Großparkplatz** im Ort in guter Lage.

Von der Ausfahrt Figueres Nord (3) der A7 Richtung Figueres fahren und 2,5 km nach dem Ortsanfang rechts zum Parkplatz abbiegen (**Ronda Barcelona**). Bei Anfahrt aus dem Süden Richtung Zentrum fahren. Nach 1,2 km wird der Parkplatz links erreicht, aber die Zufahrt ist erst nach einer Wende auf die andere Fahrspur möglich.
Koordinaten: 42° 15,52' Nord, 2° 57,69' Ost.
Koordinaten: 42° 15' 31" Nord, 2° 57' 41" Ost.

Gaststätte und Häuser am Platz.
Supermarkt und andere Geschäfte am Platz.
Ganzjährig zugänglich.
Besichtigung von Figueres: Teatre Museu Dalí, Museu del Joquet (Spielzeugmuseum), Museu Empordà (Heimatmuseum), romanisches Kloster in Vilabertran.
Besichtigung der Ruinen von Ampurias.
Ausflug nach Girona.
Ausflug zur Costa Brava.
Keine Parkgebühr.
Ebene, asphaltierte Stellflächen für 20 Wohnmobile.
Kein Schatten.

17600 Figueres (Girona) Supermercado Esclat ** CBN-3

Übernachtungsplätze auf einem asphaltierter Großparkplatz am Supermarkt in guter Lage.

Von der Ausfahrt Figueres Nord (3) der A7 Richtung Figueres fahren und in der Stadt zur N260 Richtung Navata abbiegen. Nach 500 m links zum Parkplatz am Supermarkt Esclat abbiegen (**Carrer Llado**).
Koordinaten: 42° 15,65' Nord, 2° 57,05' Ost.
Koordinaten: 42° 15' 39" Nord, 2° 57' 03" Ost.

Gaststätte, Tankstelle und Häuser am Platz.
Supermarkt und andere Geschäfte am Platz.
Ganzjährig zugänglich.
Aufenthaltsdauer 24 Stunden.
Besichtigung von Figueres: Teatre Museu Dalí,
Museu del Joquet (Spielzeugmuseum),
Museu Empordà (Heimatmuseum),
romanisches Kloster in Vilabertran.
Besichtigung der Ruinen von Ampurias.
Ausflug nach Girona.
Ausflug zur Costa Brava.
Keine Parkgebühr.
Ebene, asphaltierte Stellflächen für 5 Wohnmobile.
Kein Schatten.
Informationen: Tel. +34 9 72 50 31 55.

17744 Navata (Girona) Ort ** CBN-4

Übernachtungsplatz an einer Gaststätte in guter Lage.

Bei Anfahrt aus dem Osten von Figueres von der N260 Richtung Navata abbiegen. Noch 200 m bis zum Parkplatz an der Area de Can Janot (**Carretera de Olot**).
Koordinaten: 42° 13,55' Nord, 2° 51,80' Ost.
Koordinaten: 42° 13' 33" Nord, 2° 51' 48" Ost.

Gaststätte und Häuser am Platz.
Wasserversorgung am Platz.
Ganzjährig zugänglich.
Aufenthaltsdauer 24 Stunden.
2 Minuten Fußweg zum Zentrum.
Besichtigung von Figueres: Teatre Museu Dalí,
Museu del Joquet (Spielzeugmuseum),
Museu Empordà (Heimatmuseum),
romanisches Kloster in Vilabertran.
Besichtigung der Ruinen von Ampurias.
Ausflug nach Girona.
Ausflug zur Costa Brava.
Parkgebühr: 2 €.
Ebene, asphaltierte Stellflächen für 10 Wohnmobile.
Wenig Schatten.
Informationen: Tel. +34 9 72 56 50 04.

17462 Fortia (Girona) Rossbach** CBN-5

Privater **Wohnmobilplatz** in sehr ruhiger und schöner Lage.

Von der Autobahn Richtung Sant Pere fahren (C31) und nach 10 km links Richtung Riumors/Fortia abbiegen (GIV6215). Am Ortsrand von Fortia links Richtung l'Oliva fahren. Nach 600 m links abbiegen (**Estany-Robert 21**). Noch 300 m.
Koordinaten: 42° 13,88' Nord, 3° 01,47' Ost.
Koordinaten: 42° 13' 53" Nord, 3° 01' 28" Ost.

Häuser am Platz.
Ver- und Entsorgung und Stromanschlüsse am Platz.
Ganzjährig zugänglich.
Aufenthaltsdauer nicht begrenzt.
Wanderungen und Radtouren im Naturschutzgebiet.
Besichtigung von Figueres: Teatre Museu Dalí,
Museu del Joquet (Spielzeugmuseum),
Museu Empordà (Heimatmuseum),
romanisches Kloster in Vilabertran.
Besichtigung der Ruinen von Ampurias.
Ausflug nach Girona. Ausflug zur Costa Brava.
Parkgebühr: 11,50 inklusive Ver- und Entsorgung
und Strom, Nebensaison 9,50 €.
Stellmöglichkeiten für 16 Wohnmobile auf fester Wiese.
Für sehr große Mobile nicht geeignet.
Informationen: Tel. +34 6 06 55 32 43.

17483 L'Empordà (Girona) Raststätte* CBN-6

Asphaltierte **Übernachtungsplätze** an der Raststätte.

Von der AP7 bei zwischen den Ausfahrten L'Escala (5) und Roses (4) Richtung Süden und Norden zur Raststätte L'Empordà abbiegen.

Gaststätte, Hotel Medas und Shop am Platz.
Ver- und Entsorgung mit Bodenrinne
und Spülschlauch.
Müllbehälter am Platz.
WC und Duschen am Platz.
Elf/Cepsa-Tankstelle.
Informationstafel.
Ganzjährig zugänglich.
Ausflug nach Figueres, Girona und Barcelona.
Fahrt zur Ausgrabungsstätte Ampurias.
Ausflug zur Costa Brava.
Keine Parkgebühr.
Ebene, asphaltierte Stellflächen für 10 Wohnmobile.
Für Caravans erlaubt.
Kaum Schatten.

17130 Sant Marti d'Empuries (Girona) Platja de Moll Grec*** CBN-7

Parkplatz unter Bäumen in der Nähe des Strandes in sehr ruhiger und schöner Lage.

Von der Ausfahrt L'Escala (6) der AP7 Richtung L'Escala fahren (Gl 623), nach 17,5 km im Kreisel links Richtung Sant Peres Pescador fahren. Nach 1,3 km rechts dem P-Schild rechts folgen.
Koordinaten: 42° 08,32' Nord, 3° 07,02' Ost.
Koordinaten: 42° 08' 19" Nord, 3° 07' 01" Ost.

Gaststätten und Häuser in der Nähe.
Parkanlage und Sandstrand in der Nähe (200 m).
Müllbehälter am Platz.
Ganzjährig zugänglich.
Besichtigung des mittelalterlichen Dorfes und der Burgruine.
Besichtigung der Ausgrabungsstätte Ampurias.
Besichtigung von L'Escala.
Ausflug zur Costa Brava.
Fahrt nach Girona und Figueres.
Parkgebühr in der Saison.
Stellmöglichkeiten für 5 Wohnmobile.
Schatten durch hohe und niedrige Bäume.

17130 L'Escala (Girona) Platja*** CBN-8

Parkplatz unter Bäumen am Strand in sehr ruhiger und schöner Lage.

Von der Straße Viladematt-L'Escala kurz vor L'Escala Richtung Ruinas de Ampurias abbiegen. Nach 600 m links Richtung Ruinas fahren und nach weiteren 600 m vor dem Eingang rechts dem P-Schild Platja folgen. Noch 200 m bis zum Platz auf schmaler Piste.
Koordinaten: 42° 08,24' Nord, 3° 07,12' Ost.
Koordinaten: 42° 08' 14" Nord, 3° 07' 07" Ost.

Gaststätte in Sant Marti (600 m).
Häuser am Platz.
Sandstrand und Seepromenade am Platz.
Müllbehälter am Platz.
Ganzjährig zugänglich.
Für große Wohnmobile wegen schmaler, steiler Zufahrt nicht geeignet.
Besichtigung des mittelalterlichen Dorfes Sant Marti und der Burgruine.
Besichtigung der Ausgrabungsstätte Ampurias.
Besichtigung von L'Escala.
Ausflug zur Costa Brava.
Fahrt nach Girona und Figueres.
Parkgebühr in der Saison von 10–20.00 Uhr.
Ebene Stellflächen für 5 mittlere Wohnmobile.
Schatten durch Bäume.

17101 Girona (Girona) Esplanada de Sauló ** CBN-9

Großparkplätze in der Nähe der Altstadt.

Von der Ausfahrt Girona Nord der A7, von der N II und von der C66 (Girona-Palamos) Richtung Girona fahren. 1 km nach Beginn der zweispurigen Schnellstraße im Kreisel geradeaus Richtung Girona fahren (Carretera Nacional Madrid a Franca). Nach 1 km im Kreisel geradeaus Richtung Barcelona fahren. Nach weiteren 900 m im Kreisel Richtung Centro Ciutat über den Fluss fahren. Nach 400 m nach der Brücke links zu den Großparkplätzen (noch 200 m) oder rechts in die Sackgasse am Ufer zu dem Ausweichparkplatz fahren.
Koordinaten: 41° 59,34' Nord, 2° 49,37' Ost.
Koordinaten: 41° 59' 20" Nord, 2° 49' 22" Ost.

Gaststätten, Geschäfte und Häuser in der Nähe.
WC unter der Eisenbahnbrücke beim Busparkplatz.
Ganzjährig zugänglich. Wohnmobile oft anzutreffen.
5 Minuten Fußweg zur Altstadt.
Besichtigung von Girona: Kathedrale, Sant Feliu, Arabische Bäder, mittelalterliche Altstadt, Judenviertel, Museu d'Art, Museu del Cinema.
Ausflug zur Costa Brava.
Keine Parkgebühr.
Großparkplätze am Tage durch Pkw belegt.
Parkplätze vormittags anfahren.
Ausweichparkplatz oft frei. Stellflächen für 5 Mobile.
Parkplatz Mercado Plus 100 m vor der Brücke links.
Teilweise Schatten durch Bäume.
Ebene, asphaltierte Stellflächen.

17120 La Pera (Girona) Mehrzweckhalle ** CBN-10

Befestigter **Parkplatz** an der Gemeindehalle außerhalb des Ortes in ruhiger und schöner Lage.

Von der C66 (Girona La Bisbal) 7,5 km nordwestlich von La Bisbal Richtung La Pera/Púbol abbiegen (GI 6425), um La Pera herumfahren und nach 1,6 km links zum Parkplatz abbiegen.
Koordinaten: 42° 01,06' Nord, 2° 58,70' Ost.
Koordinaten: 42° 01' 04" Nord, 2° 58' 42" Ost.

Häuser am Platz.
Wasserzapfstelle, Müllcontainer und Bänke am Platz.
Ganzjährig zugänglich.
15 Minuten Fußweg zur Ortsmitte.
Besuch des Museu Gala Dalí in Púbol: Geschlossen 01.01.–14.03. Eintritt 6 €.
Besichtigung von Monells: Mittelalterliches Ortsbild, Marktplatz mit Arkaden.
Einkauf von Keramik, Korbwaren und Antiquitäten in La Bisbal.
Wandern und Radtouren. Ausflug zur Costa Brava.
Besichtigung von Girona: Kathedrale, Sant Feliu, Arabische Bäder, mittelalterliche Altstadt, Judenviertel, Museu d'Art, Museu del Cinema.
Keine Gebühr. Teilweise Schatten durch Randbäume.
Ebene, befestigte Stellflächen und Stellflächen auf Grasgelände für 20 Wohnmobile.

17120 Púbol (Girona) Ortsrand*** CBN-11

Befestigter **Parkplatz** am Ortsrand in sehr ruhiger und schöner Lage.

Von der C66 (Girona-La Bisbal) 7,5 km nordwestlich von La Bisbal Richtung La Pera/Púbol abbiegen (GI 6425), um La Pera herumfahren und nach 2 km am Ortsanfang Púbol rechts dem P-Schild folgen. Noch 50 m bis zum Platz links.
Koordinaten: 42° 00,98' Nord, 2° 58,92' Ost.
Koordinaten: 42° 00' 59" Nord, 2° 58' 55" Ost.

Gaststätte in der Nähe. Häuser am Platz. WC im Schloss.
Müllcontainer und getrennte Müllentsorgung am Platz.
Ganzjährig zugänglich.
3 Minuten Fußweg zur Ortsmitte.
Besuch des Museu Gala Dalí:
geschlossen 01.01.–14.03. Eintritt 6 €.
Besichtigung von Monells: mittelalterliches Ortsbild, Marktplatz mit Arkaden.
Einkauf von Keramik, Korbwaren und Antiquitäten in La Bisbal.
Wandern und Radtouren. Ausflug zur Costa Brava.
Besichtigung von Girona: Kathedrale, Sant Feliu, Arabische Bäder, mittelalterliche Altstadt, Judenviertel (Call Jueu), Museu d'Art, Museu del Cinema.
Keine Parkgebühr.
Ebene, befestigte Stellflächen für 10 Wohnmobile.
Kein Schatten.

17121 Monells (Girona) Ortsrand*** CBN-12

Befestigter **Parkplatz** am Ortsrand in sehr ruhiger und schöner Lage.

Von der C66 (Girona-La Bisbal) 2 km nach dem nordwestlichen Ortsende von La Bisbal – 400 m nach dem Ortsanfang Corcà – links Richtung Monells abbiegen. Nach weiteren 1,8 km am Ortsanfang Monells links abbiegen. Noch 200 m bis zum Platz rechts.
Koordinaten: 41° 58,53' Nord, 3° 00,09' Ost.
Koordinaten: 41° 58' 32" Nord, 3° 00' 05" Ost.

Gaststätte und Häuser am Platz.
Müllcontainer am Platz. Ganzjährig zugänglich.
5 Minuten Fußweg zum Markplatz und zur Ortsmitte.
Besichtigung von Monells: mittelalterliches Ortsbild, Marktplatz mit Arkaden.
Kauf von Keramik, Korb und Antiquitäten in La Bisbal.
Besichtigung von Peratallada: mittelalterliches Ortsbild, Mauern, Kastell, Kirche.
Besichtigung der Ruinen von Ullastret (Iberisches Dorf).
Wandern und Radtouren. Ausflug zur Costa Brava.
Besichtigung von Girona: Kathedrale, Sant Feliu, Arabische Bäder, mittelalterliche Altstadt, Judenviertel (Call Jueu), Museu d'Art, Museu del Cinema.
Keine Parkgebühr.
Ebene und leicht schräge, befestigte Flächen für 5 Mobile.
Etwas Schatten durch Randbäume.

17114 Ullastret (Girona) Ciutat Ibérico *** CBN-13

Parkplatz mit Bäumen auf einem Wiesengelände in sehr ruhiger und schöner Lage.

Von der Straße Torroella-Girona 6 km westlich von Torroella Richtung Ullastret abbiegen. Nach 2,7 km links Richtung Ruinas Ullastret fahren. Noch 600 m bis zum Platz rechts. Bei Anfahrt aus dem Süden 400 m nach dem Ortsende Ullastret rechts Richtung Ruinas abbiegen.
Koordinaten: 42° 00,45' Nord, 3° 04,62' Ost.
Koordinaten: 42° 00' 27" Nord, 3° 04' 37" Ost.

Einsame Lage.
Ganzjährig zugänglich.
Besichtigung der Ausgrabungsstätte
(Ruinen eines iberischen Dorfes).
Öffnungszeiten: 10 – 14.00 und 16 – 18.00 Uhr.
Besichtigung von Torroella: Burg, Kirche.
Besichtigung der Ausgrabungsstätte Ampurias.
Ausflug zur Costa Brava.
Fahrt nach Girona.
Keine Parkgebühr.
Ebene und leicht schräge Stellflächen
auf Wiesengelände. Für 5 Wohnmobile.
Etwas Schatten durch niedrige Bäume.

17113 Peratallada (Girona) Ortsrand **** CBN-14

Durch Bäume in Abschitte eingeteilter **Parkplatz** in sehr ruhiger und sehr schöner Lage.

Von der C31 (Torroella-Pals) 6 km südlich von Torroella Richtung Peratallada abbiegen (GI 651). Nach 5 km am Ortsanfang Peratallada links Richtung P Bus abbiegen. Nach 200 m links dem P-Schild folgen. Noch 100 m bis zum Platz links (Cami de la Rajoleria). Von Pals Richtung Torroella fahren und nach 2 km links Richtung Peratallada abbiegen. Dann wie oben.
Koordinaten: 41° 58,62' Nord, 3° 05,56' Ost.
Koordinaten: 41° 58' 37" Nord, 3° 05' 34" Ost.

Gaststätten und Geschäfte in der Nähe. Häuser am Platz.
Wasserversorgung, Müllkörbe und WC am Platz.
Ganzjährig zugänglich. Wohnmobile oft anzutreffen.
5 Minuten Fußweg zur Ortsmitte.
Besichtigung von Peratallada: mittelalterliches Ortsbild,
Mauern, Kastell, Kirche.
Besichtigung der Ausgrabungsstätte Ampurias.
Besichtigung der Ruinen von Ullastret.
Wandern und Radtouren. Rad- und Wanderwege.
Ausflug zur Costa Brava. Fahrt nach Girona.
Parkgebühr in der Saison: 2,50 € pro Tag.
Ebene, befestigte Stellflächen für 20 Wohnmobile.
Etwas Schatten durch junge Bäume.
Ausweichparkplatz am westlichen Ortsrand.
500 m weiterfahren und links abbiegen. Noch 100 m.

Die wilde Küste

Costa Brava Süd

Tour 2

Die Costa Brava, die wilde Küste, ist auch im Süden gezähmt worden. Die Hotelburgen und Ferienanlagen sind überall ausgeufert und an den Berghängen hochgeklettert. Im Sommer ist die Küste überlaufen, die Strände sind überfüllt. Aber auch in den anderen Jahreszeiten bummeln viele Touristen aus Europa und Wochenendurlauber aus Barcelona über die Promenaden und Gassen der Orte.

In L'Estartit stellen wir unser Mobil an den Straßenparkplätzen unmittelbar am Strand ab. Die Übernachtung ist im gesamten Ortsbereich nicht erlaubt. Von dem Ort erreicht man mit dem Boot die kleinen, unbewohnten felsigen Inseln **Illes Medes**, ein beliebtes Schnorchel- und Tauchrevier, nur einen Kilometer vom Festland entfernt. Von den unter dem Meeresspiegel liegenden Sitzplätzen der Boote erblickt man durch die großen Glasfenster Schwärme von Fischen, einzelne Barsche und Hechte und den zerklüfteten Meeresboden, eine ungewöhnlich artenreiche Tier- und Pflanzenwelt.

Wir besuchen anschließend das mittelalterliche Dorf Torroella de Montgrí, überragt von dem Castell de Montgrí auf einer Bergkuppe. Die Festung aus dem 13. Jahrhundert ist nie vollendet worden. Zu sehen sind deshalb nur die 13 Meter hohen Mauern und die mächtigen Rundtürme. Innerhalb der Mauern ist gähnende Leere. In der Altstadt schlendern wir zum Placa de la Vila, zum alten Rathaus, zum Torre de la Bruixes (Hexenturm), zum Kloster San Agusti und zur gotischen Kirche Sant Genís aus dem 15. Jahrhundert. Vom Stellplatz sind wir schnell in der Ortsmitte (CBS-1).

Auf der Panoramastraße der Costa Brava

Im Süden des Flusses El Ter sind zwei Parkplätze am Strand für das einmalige Übernachten geeignet (CBS-2 und CBS-3). Auf dem großen Platz in Platja de Pals schlagen wir unser Nachtlager auf. Von diesem Strand aus haben wir einen phantastischen Anblick. Vor unserem 6-t-Haus ruhen wir im Liegestuhl am Strand mit Blick auf die „Illes Medes“, die sieben Inselfelsen im Meer vor L'Estartit, die zum Naturpark erklärt wurden. Am Plaza de Catalunya in Pals darf man auch sein Wohnmobil abstellen (**CBS-4**).

Am Strand El Grau

Die kleine Stadt Begur schmiegt sich um einen Bergkegel, gekrönt von der Ruine eines Kastells aus dem 11. Jahrhundert. Geschäfte, interessante Boutiquen, umfangreiche Souvenirläden und gute Gaststätten reihen sich in den engen Gassen aneinander. Malerische Buchten, von Felsen begrenzt, bestimmen das Bild der Küste.

In Palafrugell wird auf dem großen Platz Placa Nova in der Stadtmitte sonntags Markt abgehalten. Das Museu del Suro zeigt die Verarbeitung und Verwendung von Korkrinde. Die Strände in den Küstenorten Calella de Palafrugell, Tamariu, Llafranc sind nur klein und meistens überfüllt. Am Cap Roig kann der Parkplatz am Botanischen Garten für die Übernachtung genutzt werden (CBS-5).

Erst bei Palamos erstreckt sich wieder ein langer Sandstrand, der nur durch enge und belebte Straßen anzufahren ist. Der Parkplatz am Stadion liegt vor der Innenstadt und lässt sich gut von der Umgehungsstraße aus erreichen (CBS-6).

In S'Agaro nördlich von Sant Feliu de Guíxols sind an der schönen Sandbucht Straßenparkplätze eingerichtet worden, ein guter Aufenthalt vor und nach der Hauptsaison (CBS-7). Den Strand erreichen wir auf Holzbohlen durch eine schöne Parkanlage in zwei Minuten. In dieser Zeit sind nicht nur die Strände verlassen, auch die Parkplätze sind fast alle frei und die angrenzenden Ferienhäuser menschenleer. Wir finden in der Wintersaison an der Costa Brava oft solche fast einsamen Touristensiedlungen und einen ruhigen Platz für das Nachtlager und erleben erholsame Stunden am Strand. Nur an den Wochenenden kommen die Spanier zu den Promenaden und in die Geschäftsstraßen.

Die Medes-Inseln

Sant Feliu de Guíxols nennt sich „Königin der Küste", ein eleganter Ferienort für die obere Touristenklasse, der den Trubel des Massentourismus nicht kennt. Die breite Meerespromenade Passeig del Mar wird von Plantanen begleitet und von Häusern des spanischen Jugendstils gesäumt. Die Reste eines Benediktinerklosters, ein Bogentor aus dem 11. Jahrhundert, ein barockes Kirchenportal und zwei Türme sowie das Casino dels Nois von 1889 sind im Ort zu sehen. Ein 6 km langer Sandstrand erstreckt sich bei Platja d'Arco nördlich von Sant Feliu. Auf einem großen Parkplatz in Sant Feliu kann man sein Mobil für eine Nacht abstellen (**CBS-8**).

Südlich von Sant Feliu beginnt die kurvenreiche **Panoramastraße**. Traumhafte Blicke auf die zerklüftete Küste, auf bizarre Felsen, auf die schäumende Brandung und auf Felsklippen im dunkelblauen Meer gehören zu den schönsten Eindrücken an der Costa Brava. Kleine, versteckte Buchten laden zum Verweilen und Baden ein, sind aber nur zu Fuß erreichbar. Die kurvige Küstenstraße beschert uns viele überwältigende Blicke über die Ferienhausdächer oder die grünen Hänge mit abwechslungsreichem mediteranem Bewuchs auf die „wilde Küste". Vor den felsigen, schroffen Küsten, die nur selten bebaut sind, liegen kleine, einsame Sandbuchten.

Traumbucht an der Panoramastraße

Tossa de Mar, eine mittelalterlicher Siedlung, einst auch Urlaubsort von Marc Chagall, hat sich zu einem Zentrum des Tourismus entwickelt. Die Bucht, der Hafen, die Stadtmauer aus dem 12. Jahrhundert mit mehreren Wehrtürmen und die Altstadt Vila Vella mit kleinen Gassen und Treppen aus Natursteinen bilden einen harmonischen Anblick. Saubere Straßenzüge, herausgeputzte Geschäfte, ein umfangreiches Warenangebot und gute Restaurants laden zum Verweilen ein. Im Museu Municipal sind moderne Kunstwerke und das berühmte Gemälde Chagalls „Himmlischer Violinspieler" zu sehen. Vom Leuchtturm haben wir schöne Blicke auf die Altstadt und das Meer. Für den Bummel durch Tossa de Mar haben wir unser Mobil auf dem Busparkplatz abgestellt (CBS-9).

In Lloret de Mar, früher ein Fischerdorf, heute ein Ort des Massentourismus mit einer Hochhausskyline, endet die Panoramastraße. In dieser Touristen-Hochburg und in den Badebuchten herrschen immer Trubel und Gedränge. Die Großparkplätze an der Durchgangsstraße sind für das Abstellen auch größerer Fahrzeuge gut geeignet (CBS-10).

Viel Spaß verspricht ein Besuch des großen Badeparks Waterworld. Der riesige Parkplatz hat ebene Stellflächen in einiger Entfernung von der Straße und erlaubt eine ruhige Übernachtung (CBS-11). Wir können uns nicht vorstellen, dass dieses riesige Parkgelände in der Saison durch Fahrzeuge belegt sein könnte.

In Blanes ist noch eine ursprüngliche katalanische Altstadt mit mehreren Märkten zu erleben. Am Hafen wird Montag bis Freitag in der Fischbörse Llotja del Peix eine Fischauktion abgehalten, ein interessantes Spektakel für jeden Touristen. Gaststätten am Meer und Straßencafés an der breiten Promenade laden zum Verweilen ein. Das Fahrzeug kann man auf dem großen asphaltierten Parkplatz im Ort abstellen (CBS-12).

Costa Brava

Im botanische Garten Mar i Murtra sind 4000 verschiedene Pflanzenarten zu entdecken. Der zugehörige Parkplatz und die benachbarten Plätze liegen abseits vom Trubel der Stadt.

Am Strand von S'Agaro

Parkplatz Santa Christina

Tour 2
An der südlichen Costa Brava

Tour 2: **An der südlichen Costa Brava**

Nr.	Ort, Bezeichnung	Stell-plätze A	Gast-haus	Häu-ser	WC	Bad See	Orts-nähe B	Ent-sorg.	Park-dauer C	Park-gebühr D
CBS-1	Torroella, Ort *	10	+	+	-	-	10	-	1	0
CBS-2	Torroella, El Mas Pinell ***	5	-	+	-	+	x	-	1	0
CBS-3	Platja de Pals, Platja dels Grau ***	20	+	+	-	+	x	-	1	0
CBS-4	**Pals, Plaza de Catalunya **	**5**	**+**	**+**	**+**	**-**	**8**	**-**	**1**	**0**
CBS-5	Calella, Cap Roig **	10	-	+	-	-	x	-	1	0
CBS-6	Palamos, Stadion **	10	-	+	-	-	5	-	1	0
CBS-7	SAngaro, Strand **	5	-	+	-	+	x	-	1	P
CBS-8	**St. Feliu, Narcis Massanas **	**20**	**+**	**+**	**-**	**+**	**x**	**-**	**1**	**0**
CBS-9	Tossa de Mar, Ortsrand *	10	+	+	+	-	10	-	1	P
CBS-10	Lloret de Mar, Ortsparkplätze *	50	+	+	-	-	15	-	1	0
CBS-11	Lloret de Mar, Waterworld **	50	-	-	-	-	x	-	1	0
CBS-12	Blanes, Ort *	20	-	+	-	-	15	-	1	0

Legende

**** sehr ruhige und sehr schöne Lage.
*** sehr ruhige und schöne Lage.
** ruhige und gute Lage.
* keine ruhige Lage.
A Stellplätze gestaffelt nach 3, 5, 10, 20, 30, 50 Wohnmobilen. Dabei wird angenommen, dass nur die Hälfte des Platzes zur Verfügung steht und die andere Hälfte durch Pkws belegt ist.
B Fußweg in Minuten, x über 15 min Fußweg.
C Aufenthaltsdauer in Tagen.
D Stellplatzgebühr in Euro pro Wohnmobil und 24 Stunden oder Parkgebühr.
P Parkgebühr in der Saison.
T Aufenthaltsdauer einige Tage.
U Aufenthaltsdauer unbegrenzt.
fett Wohnmobil-Stellplatz
(gelb) Parkplatz (grün) Wohnmobil-Stellplatz

Kathedrale in Girona

17257 Torroella (Girona) Ort * CBS-1

Großparkplatz im Ort.

Von L'Estartit Richtung Torroella fahren. 700 m nach dem Ortsanfang Torroella links zum Parkplatz abbiegen. Bei Anfahrt aus dem Westen von Verges Richtung Torroella fahren (C31). 900 m nach dem Ortsanfang rechts zum Platz abbiegen.
Koordinaten: 42° 02,52' Nord, 3° 07,79' Ost.
Koordinaten: 42° 02' 31" Nord, 3° 07' 47" Ost.

Gaststätte in der Nähe.
Häuser am Platz.
Straße am Platz.
Ganzjährig zugänglich.
10 Minuten Fußweg zur Ortsmitte.
Schiffsfahrt zu den Illes Medes vom Hafen L'Estartit.
Besichtigung der Ausgrabungsstätte Ampurias.
Besichtigung der Ruinen von Ullastret.
Ausflug zur Costa Brava.
Fahrt nach Girona und Figueres.
Keine Parkgebühr.
Ebene, geschotterte Stellflächen für 10 Wohnmobile.
Etwas Schatten durch Randbäume.
Alle Parkplätze in L'Estartit für Wohnmobile gesperrt.

17257 Torroella (Girona) El Mas Pinell *** CBS-2

Parkgelände am Strand in sehr ruhiger und schöner Lage.

Von der C31 (Pals-Torroella) 3 km südlich von Torroella Richtung Mas Pinell abbiegen. Nach 4,2 km rechts Richtung Hotel Clipper/Mas Pinell fahren (Carrer del Martinet). Nach 600 m am Ausweichparkplatz und Straßenende rechts fahren. Nach weiteren 400 m links abbiegen (**Carrer de la Cuareta**). Noch 100 m bis zum Parkgelände am Ende der Straße.
Koordinaten: 42° 00,51' Nord, 3° 11,73' Ost.
Koordinaten: 42° 00' 31" Nord, 3° 11' 44" Ost.

Häuser am Platz. Stranddusche und Müllcontainer am Platz.
Sandstrand und Dünen am Platz.
Ganzjährig zugänglich.
Besichtigung von Torroella: Castell de Montgri, Altstadt, Museu Art 2000, Medes-Inseln.
Besichtigung von Pals: Burg, Wehrmauern, mittelalterlicher Ortskern, Ca La Tona, Can Ramonet, Museo Art 2000 (Skulpturen zeitgenössischer Künstler).
Besichtigung von Palafrugell: Korkmuseum (Museu del Suro), Gedenkstätte Joseph Pla.
Ausflug zum Bergmassiv Montgri.
Wanderungen und Radtouren an der Küste.
Keine Parkgebühr.
Ebene, holprige unbefestigte Stellflächen für 5 Mobile.
Kein Schatten.
Asphaltierter Ausweichparkplatz am Straßenende Carrer del Martinet.
Wohnmobil-Stellplatz in Pals (Placa Catalunya) kann nur von Mobilen < 3,5 t angefahren werden.

17256 Platja de Pals (Girona) Platja del Grau *** CBS-3

Befestigter **Großparkplatz** am Strand in sehr ruhiger und schöner Lage.

Von der C31 (Pals-Estartit) Richtung Platja de Pals abbiegen und 2 km nach dem Ortsende von Els Masos am Kreisel (Supermarkt Champion) geradeaus und nach 100 m links dem Wegweiser Golf/Platja del Grau folgen. Nach 700 m im Kreisel links fahren (Carrer del Golf). Nach weiteren 1,2 km im Kreisel rechs fahren (**Avinguda Areals de Mar**). Noch 1,2 km bis zum Platz.
Koordinaten: 42° 00,05' Nord, 3° 11,77' Ost.
Koordinaten: 42° 00' 03" Nord, 3° 11' 46" Ost.

Gaststätte, Surfshop und Häuser am Platz. Supermarkt in der Nähe.
Müllbehälter und getrennte Müllentsorgung am Platz.
Sandstrand und Dünen am Platz.
Ganzjährig zugänglich. Aufenthaltsdauer 24 Stunden.
Besichtigung von Pals: Burg, Wehrmauern, mittelalterlicher Ortskern, Ca La Tona, Can Ramonet, Museo Art 2000 (Skulpturen zeitgenössischer Künstler).
Besichtigung von Palafrugell: Korkmuseum, Gedenkstätte (Fundació) Joseph Pla.
Wanderungen und Radtouren im Naturschutzgebiet.
Keine Parkgebühr. Kein Schatten.
Befestigte, ebene, holprige Stellflächen für 20 Mobile.
Ausweichparkplatz: An der Carrer Golf. 1 km rechts fahren: Koordinaten 42° 0,06' Nord, 3° 11,82' Ost. 5 Mobile. Schräge, asphaltierte Stellflächen.
Wohnmobil-Stellplatz in Pals (Placa Catalunya) kann nur von Mobilen < 3,5 t angefahren werden.

17256 Pals (Girona) Plaza de Catalunya ** CBS-4

Übernachtungsplatz am Ortsrand in ruhiger und guter Lage.

Von der C31 (Pals-Estartit) Richtung Pals abbiegen und im Ort den Wegweisern Plaza de Catalunya folgen (Einbahnstraßen).
Koordinaten: 41° 58,12' Nord, 3° 12,13' Ost.
Koordinaten: 41° 58' 07" Nord, 3° 12' 08" Ost.

Gaststätte, Supermarkt und Geschäfte in der Nähe.
Häuser am Platz.
Müllbehälter am Platz.
WC am Platz.
Nur für Fahrzeuge bis 3,5 t.
Ganzjährig zugänglich.
Aufenthaltsdauer 24 Stunden.
Besichtigung von Pals: Burg, Wehrmauern, mittelalterlicher Ortskern, Ca La Tona, Can Ramonet.
Besuch des Museums Art 2000 (Skulpturen zeitgenössischer Künstler).
Besichtigung von Palafrugell: Korkmuseum, Gedenkstätte (Fundació) Joseph Pla.
Wanderungen und Radtouren.
Keine Parkgebühr.
Ebene asphaltierte Stellflächen für 5 Mobile.
Kaum Schatten.
Informationen: Tel. +34 9 72 63 73 80.

17210 Calella (Girona) Cap Roig** CBS-5

Asphaltierte und befestigte **Parkplätze** im Pinienwald in sehr ruhiger und schöner Lage.

Von der C31 (Palafrugell-Palamos) Richtung Calella abbiegen und nach 500 m im Kreisel rechts Richtung Calella fahren. Nach weiteren 1,2 km wird der 1. Ausweichplatz für Lkw rechts erreicht. Nach 200 m im Kreisel rechts Richtung Calella abbiegen. Nach weiteren 2,5 km wird der 2. Ausweichplatz am Ortsrand rechts erreicht. Nach 100 m rechts fahren und nach weiteren 1,9 km links und nach 500 m wieder links Richtung Cap Roig/Jardin Botanic abbiegen (**Avinguda de Costa Brava**). Noch 200 m bis zum Platz rechts und 400 m zum unteren befestigten Platz.
Koordinaten: 41° 52,64' Nord, 3° 10,51' Ost.
Koordinaten: 41° 52' 38" Nord, 3° 10' 31" Ost.

Einsame Lage. Müllbehälter am Platz.
Ganzjährig zugänglich.
Besuch des Jardi Botànic. Geöffnet im Sommer 9–20.00 Uhr, im Winter 9–18.00 Uhr.
Besichtigung von Palafrugell: Korkmuseum (Museu del Suro), Gedenkstätte Joseph Pla.
Besichtigung von Palamós. Strandpromenade, Fischer-Denkmal A la gent del mar, Museu de la Pesca (Fischermuseum).
Wanderungen und Radtouren an der Küste.
Keine Parkgebühr.
Asphaltiere und befestigte, ebene und leicht schräge Stellflächen für 10 Wohnmobile.
Viel Schatten durch Bäume.
Ausweichparkplatz am Ortsrand: Koordinaten 41° 53,60' Nord, 3° 11,28' Ost. 5 Mobile. Schräge, befestigte Stellflächen.
Ausweichparkplatz Lkw: Koordinaten 41° 54,60' Nord, 3° 10,00' Ost. 20 Mobile. Gaststätte. Befestigte, ebene Stellflächen.

17230 Palamos (Girona) Stadion** CBS-6

Befestigter **Parkplatz** am Stadion in ruhiger Lage.

Bei Anfahrt aus dem Süden von Sant Feliu (C31) 200 m nach dem Ortsanfang im Kreisel rechts Richtung Palamos centre fahren (**Avinguda Catalunya**). Nach 300 m links zum Platz vor dem Stadion abbiegen. Bei Anfahrt von Palamos 400 m nach dem letzten Kreisel rechts dem Wegweiser Camp de football folgen. Nach 100 m links und nach 100 m wieder links zum Platz fahren.
Koordinaten: 41° 51,17' Nord, 3° 07,26' Ost.
Koordinaten: 41° 51' 10" Nord, 3° 07' 16" Ost.

Häuser und Geschäfte in der Nähe.
Ganzjährig zugänglich, außer an Markttagen von 6–15.00 Uhr.
10 min Fußweg zur Ortsmitte.
Besichtigung von Palamós. Strandpromenade, Fischer-Denkmal A la gent del mar, Museu de la Pesca (Fischermuseum).
Wanderungen und Radtouren an der Küste.
Keine Parkgebühr.
Befestigte Stellflächen für 10 Wohnmobile.
Kein Schatten.
Wohnmobil-Verbote in Platja D'Aro.

17248 S'Agaro (Girona) Strand** CBS-7

Asphaltierte **Straßenparkplätze** am Strand in ruhiger Lage.

Bei Anfahrt aus dem Süden von Sant Feliu de Guixols 100 m nach dem Ortsende von Sant Feliu von der GI 682 rechts Richtung S'Agaro abbiegen. Nach 400 m kurz vor dem Straßenende links abbiegen (**Avinguda Val D'Aro**). Parkplätze links und rechts.
Koordinaten: 41° 43,28' Nord, 2° 55,64' Ost.
Koordinaten: 41° 43' 17" Nord, 2° 55' 28" Ost.

Häuser am Platz.
Park und Spielplatz am Platz.
Breiter Sandstrand mit kleinen Dünen in der Nähe.
Ganzjährig zugänglich.
Besichtigung von Sant Feliu: Benediktinerkloster, Bürgerhäuser 19. Jahrhundert, Casino, Museu d'História de la Ciutat (Stadtmuseum), Museu d'Història de la Joguina (Spielmuseum).
Besichtigung von Palamós: Strandpromenade, Fischer-Denkmal A la gent del mar, Museu de la Pesca (Fischermuseum).
Wanderungen und Radtouren an der Küste.
Parkgebühr in der Saison.
Ebene, asphaltierte Stellflächen für 5 Wohnmobile.
Kein Schatten.
Wohnmobil-Verbote in Platja D'Aro.

17220 St. Feliu de Guixols (Girona) Narcis Massanas** CBS-8

Übernachtungsplätze auf einem Parkplatz in ruhiger Lage.

Von der Gl-682 Richtung Fußballstadion/Tossa fahren (Carretera de Tossa) und am Ortsrand zur Ronda de Narcis Massanas und zum Parkplatz abbiegen.
Koordinaten: 41° 46,80' Nord, 3° 01,42' Ost.
Koordinaten: 41° 46' 48" Nord, 3° 01' 25" Ost.

Gaststätten und Geschäfte in der Nähe. Häuser am Platz.
Sandstrand in der Nähe.
Ganzjährig zugänglich.
Besichtigung von Sant Feliu: Benediktinerkloster, Bürgerhäuser 19. Jahrhundert, Casino, Museu d'História de la Ciutat (Stadtmuseum), Museu d'Història de la Joguina (Spielmuseum).
Besichtigung von Palamós: Strandpromenade, Fischer-Denkmal A la gent del mar, Museu de la Pesca (Fischermuseum).
Wanderungen und Radtouren an der Küste.
Keine Parkgebühr. Kein Schatten.
Ebene, befestigte Stellflächen für 20 Wohnmobile.
Ausweichparkplatz am Theater in 200 m Entfernung (Calle del Callao).
Informationen: Tel. +34 9 72 32 70 00.

17320 Tossa de Mar (Girona) Ortsrand* CBS-9

Asphaltierte **Großparkplatz** am Ortsrand.

Bei Anfahrt aus dem Süden von Lloret de Mar (GI 682) 200 m nach dem Ortsanfang im Kreisel geradeaus Richtung St. Feliu fahren und nach weiteren 300 m zum Platz Busse rechts abbiegen.
Koordinaten: 41° 43,28' Nord, 2° 55,64' Ost.
Koordinaten: 41° 43' 17" Nord, 2° 55' 38" Ost.

Gaststätte, Häuser und Tankstelle am Platz.
WC und getrennte Müllentsorgung am Platz.
Ganzjährig zugänglich.
15 Minuten Fußweg zur Ortsmitte.
Besichtigung von Tossa del Mar: Vila vella (Altstadt), Stadtmauer, Ruine gotischer Kirche, Leuchtturm, Villa Romana (Ruinen einer römischen Siedlung), Museu Municipal.
Wanderungen und Radtouren an der Küste.
Parkgebühr in der Saison.
Leicht schräge, asphaltierte Stellflächen für 10 Wohnmobile.
Parkplätze für Busse und Pkw.
Kein Schatten.

17310 Lloret de Mar (Girona) Ortsparkplätze* CBS-10

Zwei asphaltierte **Großparkplätze**.

Bei Anfahrt aus dem Norden von Tossa de Mar (GI 682) 300 m nach dem Ortsanfang rechts zum ersten Parkplatz abbiegen. Nach weiteren 600 m wird rechts der zweite Parkplatz erreicht.
Koordinaten (1.Parkplatz): 41° 42,25' Nord, 2° 51,45' Ost.
Koordinaten (1.Parkplatz): 41° 42' 15" Nord, 2° 51' 27" Ost.

Häuser am Platz.
Müllcontainer am Platz.
Ganzjährig zugänglich.
10 Minuten Fußweg zur Ortsmitte.
Besuch des Badeparks Waterworld (Parc Aquatic).
Besichtigung von Lloret de Mar: Promenade mit Monument a la Sardana, El Castell (Burg), Església Parroquial (Pfarrkirche), Casa de la Vila (Rathaus), Kunstausstellungen.
Besichtigung von Tossa del Mar: Vila vella (Altstadt), Stadtmauer, Ruine gotischer Kirche, Leuchtturm, Villa Romana (Ruinen einer römischen Siedlung), Museu Municipal.
Wanderungen und Radtouren an der Küste.
Keine Parkgebühr.
Ebene, asphaltierte Stellflächen für 50 Wohnmobile.
Parkplätze für Busse, Lkw und Pkw.
Kein Schatten.

17310 Lloret de Mar (Girona) Waterworld** CBS-11

Befestigter **Großparkplatz** am Badepark Waterworld in ruhiger Lage.

Bei Anfahrt aus dem Süden von der GI 682 (Lloret-Blanes) 1 km nach dem Ortsanfang links Richtung Girona abbiegen. Nach 1 weiteren km – 700 m nach dem Ortsende Lloret – im Kreisel links Richtung Waterworld abbiegen. Noch 100 m bis zum Platz links.
Koordinaten: 41° 42,51' Nord, 2° 49,86' Ost.
Koordinaten: 41° 42' 31" Nord, 2° 49' 52" Ost.

Müllcontainer am Platz.
Ganzjährig zugänglich.
Besuch des Badeparks Waterworld (Parc Aquatic).
Besichtigung von Tossa del Mar: Vila vella (Altstadt), Stadtmauer, Ruine gotischer Kirche, Leuchtturm, Villa Romana (Ruinen einer römischen Siedlung), Museu Municipal.
Wanderungen und Radtouren an der Küste.
Keine Parkgebühr.
Ebene, befestigte Stellflächen für 50 Wohnmobile.
Kein Schatten.

17300 Blanes (Girona) Ort* CBS-12

Aphaltierter **Großparkplatz** im Ort in guter Lage.

Bei Anfahrt aus dem Norden von der GI 682 (Lloret-Blanes) 900 m nach dem Ortsanfang Richtung Platja S'Abanell abbiegen. Nach 600 m im Kreisel Richtung Platja S'Abanell fahren. Nach weiteren 500 m links abbiegen (**Carrer d'Ernest Lluch**). Noch 100 m bis zur Zufahrt links.
Koordinaten: 41° 40,15' Nord, 2° 46,83' Ost.
Koordinaten: 41° 40' 09" Nord, 2° 46' 50" Ost.

Gaststätte am Platz. Müllcontainer am Platz. Straße in der Nähe.
Ganzjährig zugänglich. Besichtigung von Blanes: Castell Sant Joan, Pfarrkirche, Kapelle Nostra Senyora, Pinya de Rosa (Botanischer Garten), Marineland (Badepark).
Wanderungen und Radtouren an der Küste.
Besichtigung von Tossa del Mar: Vila vella (Altstadt), Stadtmauer, Ruine gotischer Kirche, Leuchtturm, Villa Romana (Ruinen einer römischen Siedlung), Museu Municipal.
Ausflug nach Barcelona.
Keine Parkgebühr. Kein Schatten.
Leicht schräge, asphaltierte Stellflächen für 20 Mobile.
Parkplatz auch für Busse und Lkw.
Ausweichparkplatz am Carrer d'Antoni Gaudi y Cornet.
Nur Pkw-Straßenparkplätze am Platja S'Abanell.

Die Küste der Metropole Barcelona

Costa del Maresme

Tour 3

Die Costa del Maresme ist die flache Küste der Sandstrände im Anschluss an die Costa Brava, ein bevorzugtes Ausflugsziel der Einwohner Barcelonas. Nach der Stadt Blanes, dem südlichsten Ort an der Costa Brava und der Provinz Girona, fahren wir über den Rio Tordera zur Marschlandschaft Maresme. Auf dem fruchtbaren Landstrich wachsen Gemüse, Blumen, Obst und Getreide. Dieser Küstenabschnitt der Provinz Barcelona ist der Gemüsegarten der Metropole.

Weite, flache Sandstrände ziehen sich bis nach Barcelona. Aber eine Bahnlinie und die viel befahrene Küstenstraße trennen die Strände von den Ferienorten. Trotzdem werden die riesigen Feriensiedlungen und Hotelklötze von den deutschen Urlaubern bevorzugt. Schöne und ruhige Stellplätze sind an diesem Küstenabschnitt kaum zu finden. Neben Straße und Bahnschiene sehen wir auch felsige Steilküstenabschnitte, meistens aber breite Sandstrände. Über- oder Unterführungen für hohe Wohnmobile gibt es leider keine.

An der Raststätte Montseny an der Autobahn A7 haben wir unser rollendes Zuhause versorgt und von allem Ballast befreit (**CM-1**).

Am Strand von Malgrat

Malgrat de Mar, ein touristisch erschlossener Badeort, ist unser erstes Ziel. Busse mit Pauschal-Touristen rollen täglich in Massen durch die Orte an der Küste. In „Calella de los Alemanes" wird das Oktoberfest mit Blasmusik und Trachtenkapellen gefeiert, nur die Strände und das Meer verhindern die perfekte Täuschung, in München zu sein. In Malgrat finden wir einige Parkplätze, die für das einmalige Übernachten und sogar für einen Erholungstag am Strand geeignet sind (CM-2, CM-3 und CM-4).

Für den Besuch Barcelonas und für Erholungstage unmittelbar am Sandstrand eignet sich der Campingplatz Bon Repos in Santa Susanna, den man nach Passieren einer 4-m-Unterführung erreicht, ganz ausgezeichnet (**CM-5**). Unser Stellplatz liegt unmittelbar am Meer. Die Ver- und Entsorgungseinrichtungen sind direkt an den Stellflächen. Ein gutes Restaurant sorgt für das leibliche Wohl. Das Besondere aber ist der nahe gelegene Bahnhof für die Züge nach Barcelona, die uns in einer Stunde nach einer herrlichen Fahrt entlang der Küste mitten in das pulsierende Zentrum der Metropole, zum Placa de Catalunya, bringen. Wir beschreiben in unseren Wohnmobil-Führern keine Campingplätze, aber in diesem Fall machen wir eine Ausnahme.

In der Nähe des Campingplatzes und des Bahnhofes finden wir auch eine Parkfläche, aber hier steht das Mobil einen ganzen Tag ohne Aufsicht (CM-6). Durch eine Zwei-Meter-Unterführung erreicht man zu Fuß den Strand.

Costa del Maresme

In den von Briten bevorzugten Orten beginnt der frühe Abend mit der „Happy hour“ und endet am späten Abend beim Bier. Von spanischem Flair ist in allen Küstenorten kaum etwas zu spüren. Nach Malgrat und Santa Susanna folgen Pineda de Mar, Callela und Aryns de Mar mit hohen Hotelburgen und ausufernden Apartmentanlagen. Aryns de Mar war früher ein Fischerhafen und eine Handwerkerstadt für geklöppelte Spitze. An der Rambla steht die Pfarrkirche Santa Maria, ein Barockbau mit einem bedeutenden Altar. Im Museu Marès de la Punta sind Klöppelprodukte und im Museu Mollfulleda de Mineralogia Mineralien ausgestellt.

In Pineda de Mar sind riesige Parkflächen am Strand vorhanden, aber für Wohnmobile durch Verbotsschilder oder 2-Meter-Unterführungen leider nicht zu erreichen. Erst in Montgat können wir die Bahnlinie unterqueren und die Pkw-Parkplätze für die Nacht nutzen (CM-7). Allerdings verläuft die Bahnlinie unmittelbar an den Parkplätzen vorbei.

Barcelona ist mit 3 Millionen Einwohnern die zweitgrößte Stadt Spaniens. Der Ort wurde schon von den Iberern als Laye gegründet und von den Phöniziern, Karthagern, Römern und Mauren übernommen. Nur aus der römischen Zeit und aus dem Mittelalter haben sich eindrucksvolle Reste und Ruinen erhalten.

Die interessante Altstadt erstreckt sich vom Hafen bis zu den Ringstraßen, die auf den alten Stadtmauern angelegt wurden. Die winkeligen und schmalen Gassen bilden einen wohltuenden Gegensatz zu dem geschäftigen und turbulenten Treiben in den neueren Stadtvierteln. Das Leben spielt sich besonders auf den Rambles ab, die das alte Viertel in zwei Hälften teilen.

Mittelpunkt der Stadt ist der große Platz Placa de Catalunya mit prachtvollem Brunnen, Blumenrabatten und gärtnerisch kunstvoll gestalteten Grünanlagen, einer der schönsten Plätze Europas. Auf dem Weg zum Hafen sieht man die Jesuitenkirche Nuestra Senora de Belén, den farbenprächtigen Blumenmarkt, den Palast der Vizekönigin von Peru, die riesige Markthalle Mercado de la Boqueria, die Kirche Santa María del Pino mit einem achteckigen Glockenturm, das Gran Teatre del Liceu mit den besten Opernaufführungen Europas, die Kirche San Pablo del Campo mit einem romanischen Hauptportal, das Seefahrtsmuseum in einer mittelalterlichen Schiffswerft und das Kolumbusdenkmal. Mit dem Aufzug kann man zur obersten Galerie des 60 Meter hohen Denkmals fahren. Die Statue des Kolumbus ist 8 Meter hoch. Daneben am Kai liegt die Nachbildung des Segelschiffs Santa Maria, das Schiff, mit dem Kolumbus Amerika entdeckte.

Am Placa de Catalunya steigen wir in einen oben offenen Touristikbus (pro Tag 18 €) und genießen die vielen Sehenswürdigkeiten dieser großartigen Stadt. An den Haltestellen kann man beliebig oft aus- und einsteigen. Die Beschreibung von Barcelona könnte allein viele Seiten oder gar ein Buch füllen. Wir empfinden Barcelona als eine lebendige, quirlige, gepflegte Stadt. Der Verkehr ist chaotisch, aber fair, wir sehen an zwei Tagen keinen Unfall. Die vielen „Rambles“, breite Geschäfts- und Flaniermeilen, oft mit Platanen, sowie alle schmalen Gassen und Arkadengänge sind von Menschen bevölkert.

Wohnhaus von Gaudí

Barceloneta, den Stadtteil der Fischer, sollte man vor allem am Abend besuchen. In der Nähe steht die Börse La Llotja mit dem sehenswerten gotischen Börsensaal. Nach der Kathedrale ist die spätgotische Kirche Santa Maria del Mar mit herrlichen Mosaikfenstern das bedeutendste Bauwerk aus dem Mittelalter. Sehenswert sind auch das Rathaus aus dem Jahr 1887 mit den hochgotischen Innenhöfen und dem Ratssaal.

Blumenmann in Barcelona

Dem genialen Baumeister Gaudí begegnen wir in Barcelona immer wieder. Außergewöhnlich schöne Bauwerke mit der Natur nachempfundenen Details und seltsame, skurrile Schornsteinformationen sowie den Park Guell hat er der Stadt hinterlassen. Von seinem Lebenstraum, der **Kathedrale Sagrada Familia,** war, als er 1926 starb, erst ein Turm vollendet. Der Bau der bekannten Kirche der Heiligen Familie, Templo de Sagrada Familia, Wahrzeichen des modernen Barcelona, wurde 1891 von Antonio Gaudí begonnen. Die riesige Kirche, unkonventionell und originell, die für ein stattliches Eintrittsgeld besichtigt werden kann, ist noch immer Baustelle. Es ist ein besonderes Erlebnis, den Handwerkern bei ihrer Arbeit zuzusehen, wie sie nach Gaudís Entwürfen aus Spendengeldern diese ganz andere, ungewöhnliche Kathedrale vollenden. Heute sind 8 von geplanten 12, den Aposteln gewidmeten rund 100 m hohen Türmen fertiggestellt. Das eigenwillige Bauwerk wird noch von einer 160 Meter hohen Kuppel überragt werden.

Sagrada Familia

Die Kathedrale, **Catedral Santa Cruz**, wurde an der höchsten Stelle der mittelalterlichen Stadt 1298 errichtet. Die Hauptfassade stammt allerdings erst aus dem Jahr 1892 und die Kuppel aus dem Jahr 1913. In dem dreischiffigen Innenraum herrscht gedämpfte Stimmung, die von den hochliegenden Mosaikfenstern durch farbige Töne noch gesteigert wird. Besondere Aufmerksamkeit verdienen das rauchgeschwärzte Kruzefix aus der Seeschlacht bei Lepanto, das Grabmal des heiligen Olegarius aus Alabaster, das eindrucksvolle Chorgestühl, der Hochaltar aus dem 15. Jahrhundert und die Krypta mit dem wunderschönen Marmorsarkophag der heiligen Eulalia. Die Puerta de San Severo führt in den gotischen Kreuzgang und zu dem Teich der heiligen Gänse. In der Sakristei besichtigt man den Kirchenschatz, darunter den silbernen Thron des Königs Martin, ein goldenes Tabernakel und das Meßbuch der heiligen Eulalia.

In der Kathedrale

Das Museum Frederico Marés in der Nähe der Kathedrale ist unbedingt einen Besuch wert, denn es zeigt wertvolle und umfassende Sammlungen römischer und mittelalterlicher Exponate. An der Plaza del Rey steht der Palacio Real Mayor, Residenz der Grafen von Barcelona und später der Könige von Aragon. Ein mächtiger Wachtturm zeugt von der Wehranlage vergangener Zeiten. Das Stadtgeschichtliche Museum besteht aus den unterirdischen Ausgrabungsstätten, den Sammlungen zur Stadtgeschichte und den Resten des ehemaligen Königspalastes.

Es ist ein Muss, den Touristenbus am Pueblo Espanyol zu verlassen, eine Art Freilichtmuseum, ein spanisches Dorf, bestehend aus originalgetreu nachgebauten Häusern und Gassen der spanischen Provinzen, erbaut zur Weltausstellung 1929. Das ist nach unserem Geschmack! In allen Häusern lassen sich Kunsthandwerker über die Schulter schauen. Andenken und wertvolle Geschenke sind zu erwerben und vor den vielen Restaurants in den Gassen und am Plaza Mayor stehen einladend Tische und Stühle. Wir nehmen die Einladung an und genießen die Mittagspause. Nach dem Besuch des integrierten Museums mit Werken von Picasso und Miro und etlichen Bildern und Skulpturen von Künstlern, die sich an diesen beiden Künstler orientierten, setzen wir unsere Tour auf dem fahrenden Hochsitz fort.

Auf dem Hügel **Montjuich** am Südrand der Stadt, der steil zum Meer abfällt, liegen weitere Sehenswürdigkeiten. Eine Standseilbahn bringt die Besucher auf den Hügel. Von der Weltausstellung 1929 blieben zahlreiche Gebäude erhalten.

Vom Aussichtspunkt auf dem Montjuich und vom Jardines de Miramar hat man schöne **Panoramablicke** über die Stadt, die Küste und das Meer. Ein wichtiges Museum ist das Museo de Arte de Cataluna. Es zeigt in 29 Sälen eine interessante Sammlung romanischer Fresken, Altarbilder, Reliefs und Skulpturen aus den Pyrenäen. Daneben sind auch Kunstwerke aus der Zeit der Gotik, Renaissance und des Barock zu sehen.

Das Archäologische Museum stellt eine umfassende Sammlung iberischer, phönizischer, karthagischer, griechischer, römischer und westgotischer Kunstwerke aus. Die Exponate aus der nahen griechischen Stadt Ampurias, z. B. die berühmte Statue des Heilgottes Asklepios, sind besonders sehenswert.

Die Reste eines griechischen Theaters in einem ehemaligen Steinbruch sind am Abhang des Hügels zu sehen. In einem modernen Gebäude der Stiftung Miró kann man die Werke des berühmten katalanischen Künstler Joan Miró, Gemälde, Zeichnungen und Skulpturen, bewundern. Viele Eindrücke nehmen wir mit nach Hause, obwohl wir manches nur im Vorbeifahren bewundern konnten.

Viele europäische Großstädte haben wir schon kennen gelernt, Barcelona gehört mit seiner Mischung aus Mittelalter, Gotik, katalanischem Jugendstil und Avantgardearchitektur zweifellos zu den interessantesten Metropolen.

Erstaunlicherweise gibt es in Barcelona zwei bewachte Wohnmobil-Stellplätze, auf denen man sein Fahrzeug während der Stadtbesichtigung abstellen und zur Not übernachten kann (**CM-9** und **CM-10**).

Wir übernachten auf dem Parkplatz an der Bahn zum Montserrat, nachdem wir dieses bekannte Kloster besichtigt haben (**CM-8**). Um das mobile Heim zu ver- und entsorgen, fährt man am besten zur Raststätte El Llobregat an der A7 (**CM-11**).

Wir lenken unser Mobil wieder zur Küste, zur Costa Daurada, denn wir wollen unseren Lesern Plätze an der Mittelmeerküste für einen erholsamen Urlaub und für die Übernachtung anbieten.

Die Kolumbus-Säule in Barcelona

Tour 3
An der Costa de Maresme

Tour 3: An der Costa de Maresme

Nr.	Ort, Bezeichnung	Stell-plätze A	Gast-haus	Häu-ser	WC	Bad See	Orts-nähe B	Ent-sorg.	Park-dauer C	Park-gebühr D
CM-1	**Montseny, Raststätte ***	20	+	-	+	-	x	+	1	0
CM-2	Malgrat, Marineland *	10	-	+	-	-	x	-	1	0
CM-3	Malgrat, Punta de la Tordera **	10	+	-	-	+	x	-	1	0
CM-4	Malgrat, Strandhafen *	5	-	+	-	+	x	-	1	0
CM-5	**Santa Susanna, Bon Repos *****	50	+	-	+	+	x	+	U	P
CM-6	Santa Susanna, Ortsrand *	10	-	-	-	+	x	-	1	0
CM-7	Montgat, Platja *	5	+	+	-	+	5	-	1	0
CM-8	Monistrol de Montserrat, Bahn ***	10	-	+	+	-	3	-	1	0
CM-9	**Barcelona, Ronda del Litoral ***	10	-	+	-	+	x	-	1	P
CM-10	**Barcelona, Glories ***	10	-	+	+	-	x	+	1	19
CM-11	**El Llobregat, Raststätte ***	20	+	+	+	-	x	+	1	0

Legende

**** sehr ruhige und sehr schöne Lage.
*** sehr ruhige und schöne Lage.
** ruhige und gute Lage.
* keine ruhige Lage.
A Stellplätze gestaffelt nach 3, 5, 10, 20, 30, 50 Wohnmobilen. Dabei wird angenommen, dass nur die Hälfte des Platzes zur Verfügung steht und die andere Hälfte durch Pkws belegt ist.
B Fußweg in Minuten, x über 15 min Fußweg.
C Aufenthaltsdauer in Tagen.
D Stellplatzgebühr in Euro pro Wohnmobil und 24 Stunden oder Parkgebühr.
P Parkgebühr in der Saison.
T Aufenthaltsdauer einige Tage.
U Aufenthaltsdauer unbegrenzt.
fett Wohnmobil-Stellplatz
(gelb) Parkplatz (grün) Wohnmobil-Stellplatz

Hafen mit Kolumbus-Säule

08450 Montseny (Barcelona) Raststätte ** CM-1

Asphaltierte **Übernachtungsplätze** an der Raststätte.

Von der AP7 bei km 117,5 zwischen den Ausfahrten Montceny/St.Coloni und Hostalrich zur Raststätte Montseny abbiegen.
Koordinaten: 41° 38,80' Nord, 2° 25,48' Ost.
Koordinaten: 41° 38' 46" Nord, 2° 25' 29" Ost.

Gaststätte mit Self-Service und Shop am Platz.
Ver- und Entsorgung mit Bodenrinne und Spülschlauch.
Müllbehälter am Platz.
WC am Platz.
Bänke und Tische unter Bäumen.
Verhältnismäßig ruhige Plätze.
Agip-Tankstelle.
Informationstafel und Geldautomat.
Ganzjährig zugänglich.
Ausflug nach Barcelona.
Keine Parkgebühr.
Ebene, asphaltierte Stellflächen für 20 Wohnmobile.
Für Caravans erlaubt.
Etwas Schatten.

08380 Malgrat (Barcelona) Marineland * CM-2

Asphaltierte und befestigte **Parkplätze** am Freizeitpark Marineland.

Bei Anfahrt aus dem Norden von der GI 682 (Blanes-Malgrat) 500 m nach dem Ortsanfang Palafolls rechts über den Kreisel abbiegen, Straße kreuzen und Richtung Malgrat/Zoo Mari fahren. Noch 600 m bis zum Parkplatz links.
Koordinaten: 41° 39,65' Nord, 2° 45,15' Ost.
Koordinaten: 41° 39' 39" Nord, 2° 45' 09" Ost.

Häuser am Platz.
Besuch des Freizeitparks Marineland (Delphinarium, Badepark und Meereszoo). Eintritt 19 € Erw., Kinder 13 €. Geöffnet 10–18.00 Uhr.
Straße in der Nähe.
Ganzjährig zugänglich.
Ausflug nach Barcelona.
Fahrt zur Costa Brava.
Fahrt nach Girona.
Keine Parkgebühr.
Ebene, und leicht schräge asphaltierte und befestigte Stellflächen für 10 Wohnmobile.
Etwas Schatten durch Randbäume und Büsche.

08380 Malgrat (Barcelona) Punta de la Tordera** CM-3

Fester **Parkplatz** am Strand in ruhiger und sehr schöner Lage.

Bei Anfahrt aus dem Norden von der GI 682 (Blanes-Malgrat) 500 m nach dem Ortsanfang Palafolls rechts über den Kreisel abbiegen, Straße kreuzen und Richtung Malgrat/Zoo Mari fahren. Nach 900 m links Richtung Blanes fahren und nach weiteren 600 m rechts dem Wegweiser Platja de la Tordera folgen. Noch 1,7 km bis zum Platz am Strand (**Cami de la Pomereda**).
Koordinaten: 41° 48,82' Nord, 2° 45,99' Ost.
Koordinaten: 41° 48' 49" Nord, 2° 45' 59" Ost.

Gaststätte am Platz.
Breiter Sandstrand mit Kiesstreifen am Platz.
Müllcontainer am Platz.
Campingplätze am Platz und in der Nähe.
Straße in der Nähe.
Ganzjährig zugänglich.
Wanderungen und Radtouren an der Küste.
Ausflug nach Barcelona.
Keine Parkgebühr.
Ebene, etwas holprige Stellflächen für 10 Wohnmobile.
Kein Schatten.

08380 Malgrat (Barcelona) Strandhafen de la Tordera* CM-4

Fester **Parkplatz** am Strand.

Bei Anfahrt aus dem Norden von der GI 682 (Blanes-Malgrat) 500 m nach dem Ortsanfang Palafolls rechts über den Kreisel abbiegen, Straße kreuzen und Richtung Malgrat/Zoo Mari fahren. Nach 900 m links Richtung Blanes fahren und nach weiteren 600 m rechts dem Wegweiser Platja de la Tordera folgen. Nach 1,7 km rechts zur Küstenstraße abbiegen. Noch 1,4 km bis zum Platz links am Strandhafen (Boote auf dem Strand).
Koordinaten: 41° 38,68' Nord, 2° 45,07' Ost.
Koordinaten: 41° 38' 41" Nord, 2° 45' 04" Ost.

Häuser am Platz. Firmen in der Nähe.
Breiter Sandstrand mit Kiesstreifen am Platz.
Müllcontainer am Platz.
Straße am Platz.
Ganzjährig zugänglich.
15 min Fußweg zur Ortsmitte.
Wanderungen und Radtouren an der Küste.
Ausflug nach Barcelona.
Fahrt nach Girona.
Keine Parkgebühr.
Ebene, etwas holprige Stellflächen für 5 Wohnmobile.
Kein Schatten.

08398 **Santa Susanna (Barcelona)** Bon Repòs*** CM-5

Campingplatz am Strand mit Mobilplätzen in sehr ruhiger und sehr schöner Lage.

Von der Ausfahrt der N II Richtung Santa Susanna abbiegen und dem Wegweiser Camping Bon Repos folgen. Nach 900 m rechts abbiegen und in der Unterführung (4 m) links abbiegen. Noch 700 m bis zur Einfahrt links.
Koordinaten: 41° 37,83' Nord, 2° 43,21' Ost.
Koordinaten: 41° 37' 50" Nord, 2° 43' 13" Ost.

Gaststätte und Lebensmittelladen am Platz.
Blick auf das Meer. Sandstrand am Platz.
Ver- und Entsorgung am Platz. Wasser- und Stromversorgung an den Stellflächen.
Eisenbahnlinie und Bahnhof in der Nähe. Fahrt mit dem Zug nach Barcelona.
Ganzjährig zugänglich. Wohnmobile immer anzutreffen.
Besichtigung von Barcelona: Placa de Catalunya, Mercado de la Boqueria, Kolumbusdenkmal, La Llotja (Börse), Sagrada Familia (Kirche der Heiligen Familie), Kathedrale, San Pablo del Campo, Santa Maria del Mar, Rathaus, Montjuich, Pueblo Espanol, Archäologisches Museum, Museum für katalonische Kunst, Museo de Picasso, Museo Frederico Marés, Seefahrtsmuseum.

Fahrt zur Costa Brava.
Stellplatzgebühr je nach Jahreszeit 14 – 30 € pro Fahrzeug und 2 Personen.
Ebene, befestigte Stellflächen für 50 Wohnmobile.
Teilweise Schatten durch einzelne Bäume.
Parkplätze rechts und links der Zufahrtstraße zum Ort.
Wohnmobil-Verbote im Nachbarort El Pineda.

08398 **Santa Susanna (Barcelona)** Ortsrand* CM-6

Holpriges **Parkgelände** in der Nähe des Strandes.

Von der Ausfahrt der N II Richtung Santa Susanna abbiegen und dem Wegweiser Camping Bon Repos folgen. Nach 400 m wird rechts der Ausweichparkplatz P Busse erreicht. Nach 500 m rechts abbiegen und durch die Unterführung geradeaus fahren (4 m). Noch 1,2 km bis zum Platz.
Koordinaten: 41° 37,77' Nord, 2° 42,75' Ost.
Koordinaten: 41° 37' 46" Nord, 2° 42' 45" Ost.

Häuser in der Nähe.
Sandstrand in der Nähe (2,50 m Unterführung). Ganzjährig zugänglich.
Eisenbahnlinie und Bahnhof in der Nähe. Fahrt mit dem Zug nach Barcelona.
Besichtigung von Barcelona: Placa de Catalunya, Mercado de la Boqueria, Kolumbusdenkmal, La Llotja (Börse), Sagrada Familia (Kirche der Heiligen Familie), Kathedrale, San Pablo del Campo, Santa Maria del Mar, Rathaus, Montjuich, Pueblo Espanol, Archäologisches Museum, Museum für katalonische Kunst, Museo de Picasso, Museo Frederico Marés, Seefahrtsmuseum.

Fahrt zur Costa Brava.
Keine Parkgebühr. Kein Schatten.
Ebene, holprige Stellflächen für 10 Mobile.
Ausweichparkplatz Busse am Ortsanfang.
Koordinaten: 41° 38,29' Nord, 2° 43,28' Ost.
Wohnmobil-Verbote im Nachbarort El Pineda.

08390 Montgat (Barcelona) Platja* CM-7

Asphaltierte **Parkplätze** am Strand in schöner Lage.

Von der Ausfahrt Montgat (6) der Schnellstraße N II (Barcelona-Mataró) Richtung Montgat abbiegen. Nach 200 m rechts fahren (**Carrer Marina**). Nach weiteren 300 m rechts abbiegen, nach 100 m wenden und nach 300 m nach der Unterführung (4 m Höhe) links fahren. Noch 100 m.
Koordinaten: 41° 27,82' Nord, 2° 16,45' Ost.
Koordinaten: 41° 27' 49" Nord, 2° 16' 27" Ost.

Häuser und Geschäfte in der Nähe. Sandstrand in der Nähe.
Eisenbahnlinie am Platz. Bahnhof in der Nähe. Fahrt mit dem Zug nach Barcelona.
Ganzjährig zugänglich.
Besichtigung von Barcelona: Placa de Catalunya, Mercado de la Boqueria, Kolumbusdenkmal, La Llotja (Börse), Kathedrale Sagrada Familia (Kirche der Heiligen Familie), San Pablo del Campo, Santa Maria del Mar, Rathaus, Montjuich, Pueblo Espanol, Archäologisches Museum, Museum für katalonische Kunst, Museo de Picasso, Museo Frederico Marés, Seefahrtsmuseum.
Fahrt zur Costa Brava.
Keine Parkgebühr. Kein Schatten.
Stellmöglichkeiten für 5 Mobile. Für Caravan verboten.
Ebene, asphaltierte Stellflächen. Betreten und Befahren des befestigten, großen Parkgeländes nicht erlaubt.

Sonnenuntergang am Strand

08691 Monistrol de Montserrat (Barcelona) Zahnradbahn *** CM-8

Ebener, betonierter **Parkplatz** an der Zahnradbahn zum Kloster Montserrat.

Von der Ausfahrt und Zahlstelle Montserrat (41) der C58 Richtung Mont-Monis fahren (C55) und nach 4 km rechts dem Wegweiser P1 Bus folgen. Noch 300 m bis zum Busparkplatz und zu den Pkw-Parkplätzen am Rande.
Koordinaten: 41° 36,88' Nord, 1° 50, 58' Ost.
Koordinaten: 41° 36' 53" Nord, 1° 50' 35" Ost.

Blick auf den Montserrat.
Häuser am Platz. Müllbehälter am Platz. WC im Bahnhof.
Fahrt zum Kloster Montserrat. Bahnhof am Platz.
Besuch des Museum.
Ganzjährig zugänglich.
Aufenthaltsdauer 24 Stunden.
Besichtigung von Barcelona: Placa de Catalunya, Mercado de la Boqueria, Kolumbusdenkmal, La Llotja (Börse), Sagrada Familia (Heilige Familie), Kathedrale, San Pablo del Campo, Santa Maria del Mar, Rathaus, Montjuich, Pueblo Espanol, Archäologisches Museum, Museum für katalonische Kunst, Museo de Picasso, Museo Frederico Maré, Seemuseum.
Keine Parkgebühr.
Stellmöglichkeiten für 10 Wohnmobile. Kein Schatten.
Ausweichparkplatz oben am Kloster. Gaststätten. Gebühr. 5 Mobile. 41° 35' 45" Nord, 1° 50' 21" Ost.

08013 Barcelona (Barcelona) Park & Ride Ronda del Litoral* CM-9

Eingezäunter asphaltierter **Übernachtungsplatz** (eigener Bereich) auf einem P+R-Platz.

Auf der B10 an der Küste Richtung Südwesten fahren (Ronda Litoral) und in der Nähe des Forums an der Kurve nach Westen zum Platz abbiegen. Noch 200 m.
Koordinaten: 41° 24,88' Nord, 2° 13,47' Ost.
Koordinaten: 41° 24' 52" Nord, 2° 13' 26" Ost.

Häuser am Platz. Gaststätten und Geschäfte in der Nähe.
Ver- und Entsorgung, Stromanschluss (3 €) und WC am Platz.
Verkehrsbelästigung durch Schnellstraße.
Parkplatz auch für Pkw, Lkw und Busse.
Ganzjährig zugänglich. Aufenthaltsdauer 3 Tage.
Metro (5 min Fußweg) und Busslinien zur Innenstadt.
Besichtigung von Barcelona: Placa de Catalunya, Mercado de la Boqueria, Kolumbusdenkmal, La Llotja (Börse), Sagrada Familia (Heilige Familie), Kathedrale, San Pablo del Campo, Santa Maria del Mar, Rathaus, Montjuich, Pueblo Espanol, Archäologisches Museum, Museum für katalonische Kunst, Museo de Picasso, Museo Frederico Maré, Seemuseum.
Parkgebühr: 24 € für 24 Stunden.
Stellmöglichkeiten für 10 Wohnmobile. Kein Schatten.

08013 Barcelona (Barcelona) Parking Bus Glories* CM-10

Asphaltierter **Übernachtungsplatz** neben einem verkehrsstarken Kreisel.

Bei Anfahrt aus dem Süden und Westen von der Autobahn C32 bzw. B20 an der Anschlussstelle Diagonal (11) Richtung Innenstadt abfahren. Nach 7,2 km auf der **Avinguida Diagonal** rechts und nach 200 m links Richtung Glories abbiegen. Nach 800 m links im Kreisel dem P-Schild Glories folgen, nach unten und rechts unter der Brücke durchfahren. Bei Anfahrt von Osten und Norden am Ende der Schnellstraße um den Kreisel fahren und dem Schild Glories folgen.
Koordinaten: 41° 24,23' Nord, 2° 11,33' Ost.
Koordinaten: 41° 24' 14' Nord, 2° 11' 20" Ost.

Häuser am Platz. Geschäfte in der Nähe.
Entsorgung für Kassetten möglich.
Müllbehälter am Platz.
Wasseranschluss möglich. WC am Platz.
Ganzjährig zugänglich.
Besichtigung von Barcelona: Placa de Catalunya, Mercado de la Boqueria, Kolumbusdenkmal, La Llotja (Börse), Sagrada Familia (Heilige Familie), Kathedrale, San Pablo del Campo, Santa Maria del Mar, Rathaus, Montjuich, Pueblo Espanol, Archäologisches Museum, Museum für katalonische Kunst, Museo de Picasso, Museo Frederico Marés, Seefahrtsmuseum.
Fahrt zur Costa Brava.
Parkgebühr: 19 €. 24 Stunden bewacht.
Ebene, asphaltierte Stellflächen (8 m x 3 m) für 10 Wohnmobile.
Kein Schatten.

08755 Castellbisbal-El Llobregat (Barc.) Raststätte* CM-11

Asphaltierte **Übernachtungsplätze** an der Raststätte.

Bei Anfahrt aus dem Süden von der AP7 bei km 166 zur Raststätte El Llobregat abbiegen.
Koordinaten: 41° 28,05' Nord, 1° 58,60' Ost.
Koordinaten: 41° 28' 03" Nord, 1° 58' 36" Ost.

Imbiss und Shop am Platz.
Ver- und Entsorgung mit Bodenrinne und Spülschlauch.
Müllbehälter am Platz.
WC und Duschen am Platz.
Elf/Cepsa-Tankstelle.
Informationstafel.
Ganzjährig zugänglich.
Ausflug nach Barcelona.
Ausflug zur Costa Brava.
Keine Parkgebühr.
Ebene, asphaltierte Flächen für 20 Mobile oder Caravan.
Für Caravans erlaubt.
Kaum Schatten.

Nicht alles ist Gold an der Goldküste

Costa Daurada

Tour 4

An der Weinkellerei in Avinyonet haben wir übernachtet und unser mobiles Heim entsorgt und mit Wasser wieder vollgepumpt (**CD-1**). An der Rasttätte El Penés kann man ebenfalls entsorgen und Wasser tanken (**CD-2**). Wir lenken unser Fahrzeug nach Süden und erreichen die Küste bei Castelldefels, Bade- und Ausflugsziel der Einwohner der Metropole Barcelona. Es ist Sonntag und trotz der Jahreszeit, es ist Mitte Februar, flanieren viele Menschen auf den breiten Promenaden am Meer. Wir finden einen Übernachtungsplatz in der Nähe der Strandes (CD-3).

Sitges, der am meisten besuchte elegante Ferienort an der Costa Daurada, ist durch ein Bergmassiv vor dem Nordwind geschützt und hat im ganzen Jahr ein mildes Klima. Die Touristen sind deshalb im Sommer wie im Winter an den feinen Sandstränden, auf den Straßen und in den Gaststätten der Stadt. Die Altstadt hat ihren katalonischen Stil durch verwinkelte Gassen und verschachtelte Häuser bewahrt. Besuchenswert sind auch die barocke Pfarrkirche, das Museum mit Gemälden und Zeichnungen von El Greco, Picasso und anderen berühmten Malern und das Museum Maricel mit wertvollen Sammlungen in einem alten Turm.

Villanueva La Geltrú ist eine moderne Industriestadt, nur das Fischerviertel hat seinen alten mittelalterlichen Charme bewahrt. Zu beachten sind die Renaissance-Kirche Santa Maria de la Geltrú, das alte Schloss aus dem 12. Jahrhundert und besonders das Museo Balaguer mit dem berühmten Gemälde „Mariä Verkündigung“ von El Greco. Der drei Kilometer lange Sandstrand dehnt sich östlich und westlich des Hafens aus. In Villanueva und im Nachbarort Cubelles tummeln sich im Sommer die Einwohner Barcelonas.

In Calafell sind eine Burg und eine romanische Kirche, beide aus dem 12. Jahrhundert, zu besichtigen. Auch dieser Ort hat breite Sandstrände aufzuweisen. Vendrell liegt etwas landeinwärts und besitzt die Kirche San Salvador mit einem Glockenturm und einem Portal aus der Zeit des Barock und das Museum des berühmten Cellisten Pablo Casals. Comarruga wird durch Hotelburgen bestimmt und ist vollkommen auf Touristen eingestellt. Am Platja de Creixel besteht die Möglichkeit zum Übernachten (CD-4). An den Autobahn-Raststätten Altafulla und La Mora kann das fahrende Haus ver- und entsorgt werden (**CD-5** und **CD-6**).

Eine beondere Sehenswürdigkeit ist der Arco de Bará, ein gut erhaltener römischer Triumphbogen aus dem 2. Jahrhundert n. Chr., an der Via Augusta. An der Küste des Ortes Roda de Bará haben sich langgestreckte Feriensiedlungen entwickelt.

Das ehemalige kleine Fischerdorf Torredembarra hat feine Sandstrände, aber auch eine Felsküste für den Tauch- und Unterwassersport. Über Altafulla mit einem weithin sichtbaren Schloss und Tamarit mit einer Burg an der Küste aus dem 12. Jahrhundert erreichen wir den Torre de los Escipiones, den Turm der Scipionen, ein Mausoleum aus dem 1. Jahrhundert n. Chr.

Römisches Viadukt bei Tarragona

Das bemalte Haus

Die Kathedrale

Die sehr eindrucksvollen Bauwerke aus römischer Zeit verlangen unbedingt einen Besuch der Stadt **Tarragona** mit seiner prachtvollen Kathedrale auf einem Hügel über der Stadt. Dieser Hügel war schon seit dem 3. Jahrtausend v. Chr. von den Iberern besiedelt. Während des Zweiten Punischen Krieges eroberte Scipio die Stadt, er nannte den Stützpunkt Tarraco und ließ Paläste, Tempel, Theater und Amphitheater bauen. Später residierten in dieser Stadt eine Zeit lang Cäsar und Kaiser Augustus. Tarraco wurde in der Antike die bedeutendste Stadt auf der Iberischen Halbinsel.

Am Südende der Rambla Nova, der Hauptstraße Tarragonas, haben wir vom Balcón del Mediterráneo einen **Panoramablick** auf das Mittelmeer. Im Parque del Milagro liegen die Reste eines Amphitheaters aus der Zeit des Kaisers Augustus und die frühchristliche Kirche Iglesia del Milagro.

Die **Kathedrale**, errichtet an der Stelle eines römischen Jupiter-Tempels und einer maurischen Moschee, vereint Elemente der Romanik und der Gotik. Die Hauptfassade wird durch Skulpturen am mächtigen gotischen Hauptportal und durch eine sehr große gotische Fensterrose geschmückt. Die Seitenportale mit Reliefs und Kapitellen sind romanisch. Im Inneren der Kathedrale fallen die Taufkapelle, die Capilla de Santa Tecla mit den Reliquien der heiligen Thekla, Schutzpatronin der Stadt, der gotische Chor, der prachtvolle Hochaltar mit dem Altaraufsatz aus Alabaster, die prunkvolle barocke Capilla de la Purisima Consepción, die gotische Capilla dels Sastres und das romanische Portal zum Kreuzgang auf. Der quadratische Kreuzgang aus dem 12. Jahrhundert besitzt ebenfalls romanische wie gotische Elemente. Spitzbögen umschließen jeweils drei Rundbögen. Die Kapitelle sind mit Skulpturen reich verziert.

Im Diözesanmuseum sind reichhaltige Sammlungen aus der Antike, mittelalterliche Gemälde, Schmuck und Skulpturen und der prächtige Wandteppich Tapiz de la Vida aus dem 15. Jahrhundert zu sehen. Neben der Kathedrale steht die Kapelle Santa Thecla aus dem 13. Jahrhundert. Die Paseo Arqueológico, die archäologische Promenade, vermittelt eindrucksvoll das Bild der einst mächtigen Zyklopenmauern, die die antike Stadt vollständig umschlossen. Sie sind auf einer Länge von 2 Kilometern mit einer Höhe zwischen 2 und 10 Metern erhalten und hatten mehrere Türme und Stadttore.

Im Archäologischen Nationalmuseum sind bedeutende Exponate römischer Kultur und iberische Sammlungen zu sehen, z. B. der berühmte Sarkophag mit dem Mythos des Hippolytos, der die Liebe seiner Stiefmutter Phädra verschmähte und von ihr deshalb in den Tod getrieben wurde, oder das 5 mal 6 Meter große römische Mosaik, das die farbenprächtigen Fische des Mittelmeeres zeigt.

Weitere Sehenswürdigkeiten sind der Augustuspalast, das römische Forum und die altchristliche Nekropole mit Gräbern aus den 3. bis 5. nachchristlichen Jahrhunderten. Die Funde aus dem Friedhof sind in dem benachbarten Museum untergebracht, Sarkophage mit schönen Reliefdarstellungen, Grabstelen, Grabbeigaben und Mosaiken. Am bewachten Parkplatz in der Nähe der Stadtmauer kann das Mobil für die Stadtbesichtigung geparkt werden.

Das Römische Aquädukt

Ein außerordentlich beeindruckendes Bauwerk ist der **Römische Aquädukt**, ein aus goldbraunen Steinen ohne Mötel zusammengefügter Bau aus der Zeit des Kaisers Trajan. Die untere 73 Meter lange Bogenreihe hat 11 Bögen von 14 Metern Höhe, die obere 217 Meter lange Bogenreihe weist 25 Bögen von 29 Metern Höhe auf. Eine 35 Kilometer lange Rohrleitung brachte das Wasser des Rio Gayá über diesen Aquädukt in die Stadt. Wir fahren zur Übernachtung und zur Erholung zum Platja Llarga, wenige Kilometer östlich von Tarragona (CD-7).

In den Hügeln des Hinterlandes, im Penedès, wachsen seit zweitausend Jahren fruchtige rote und weiße Trauben. Berühmtheit erlangte der Landstrich durch die Erzeugung von Cava, dem spanischen Sekt. 1872 entwickelte der Winzer Raventós die Herstellung von Schaumwein durch Flaschengährung. Das erfrischende alkoholische Getränk wurde zunächst Xampany de Cava, Champagner aus dem Keller, genannt, darf sich heute aber nur noch Cava nennen.

In Centcelles, 5 Kilometer nördlich von Tarragona, steht ein Gutshof aus dem 4. Jahrhundert n. Chr. Eine große Kuppel von 11 Metern Durchmesser, geschmückt mit Mosaiken biblischer Darstellungen und lebendiger Jagdszenen, überspannt den Hauptraum. Der Parkplatz eignet sich auch für eine Übernachtung (CD-8). Im Steinbruch El Médol haben die Römer das Material für die Bauwerke in der Stadt gewonnen. Besonders interessant ist der freistehende Monolith „L'agulla del Médol".

Wir umfahren das Cap de Salóu und erreichen die alte, von den Phöniziern gegründete Stadt Salauris, heute Salóu genannt. In der Antike und im Mittelalter hatte die Stadt große strategische Bedeutung. Die aragonesischen Könige starteten von dem Hafen aus ihre Eroberungszüge ins Mittelmeer und zu den Balearen. Nördlich von Salou breitet sich der Konkurrent von Euro-Disney Paris aus, Europas zweitgrößter Freizeitpark, Port Aventura. Im Park unternehmen wir eine Reise um die Welt und bewundern die Pyramiden der Azteken, echte polynesische Tänzerinnen und Fischer aus der Antike. Spezialitäten aus allen Ländern sind zu kosten, handwerkliche Erzeugnisse zu erwerben und viele Attraktionen zu erleben.

Cambrils war Fischer- und Bauerndorf, ist heute ein Touristenzentrum mit einigen Ferienanlagen. Beachtenswert ist der mächtige Glockenturm, der für die Verteidigung der Fischersiedlung gebaut wurde. Gute Übernachtungsmöglichkeit bieten sich an den feinen Sandstränden von Mont-Roig Badia (CD-9), L'Hospitatet (CD-10 und CD-11) und L'Almarada (CD-12). Von der Ortspolizei erhalten wir den Platz in L'Hospitalet zugewiesen.

Tortosa, die Bischofsstadt vor dem Ebro-Delta, besitzt eine sehenswerte Kathedrale aus dem 14. Jahrhundert mit einem maurischen Turm, die arabische Festung Castillo de la Zuda und die mittelalterliche Altstadt mit einigen Palästen aus dem 16. Jahrhundert. Der Aufstieg zum Kastell wird durch einen Panoramablick auf die Stadt, die Landschaft des Deltas und das Meer belohnt.

In L'Hospitatet

Stellplatz am Ebro-Ufer

Wir fahren viele Kilometer durch das **Ebro-Delta**. Rechts und links der schmalen Straßen, so weit man sehen kann, Reisfelder, die wieder ein reich gedeckter Tisch für verschiedene Reiherarten sind. Für die Tiere ist das Delta eine Oase.

Fast die gesamte Reisernte Kataloniens erzeugen die Reisbauern im Ebro-Delta. Schon 1607 begannen Zisterzienser im Ebro-Delta Reis anzubauen. Dem Anbau war aber kein Erfolg beschieden. Durch den Bau von Kanälen zu Beginn des 20. Jahrhunderts und durch die damit verbundene Bewässerung wurde der Reisanbau in dem unfruchtbaren Gebiet erst möglich. Heute werden 98 % der spanischen Reisernte im Ebro-Delta erzeugt.

Im Ebro-Delta

320 Quadratkilometer groß ist das vollkommen flache Ebro-Delta. Bei der Fahrt auf den schmalen Straßen denkt man stets, man sei nun wohl am Ziel, aber nein, endlos weit geht es durch die sumpfigen landwirtschaftlich genutzten Flächen und Rohrwiesen. Den Wasserlebensraum, die Brackwasserflächen, bevölkern verschiedene Entenvögel und Reiher. Möwen fliegen mit riesigem Spektakel davon, wenn wir uns nähern. Am Meer laden breite feine Sandstrände zum Baden ein. Jetzt, Mitte Februar, ist das Angebot leider auszuschlagen.

Einige ruhige Stellplätze sind nördlich des Ebros zu finden, wenn auch manchmal recht abseits gelegen (CD-13, CD-14, CD-15, CD-16, CD-17 und CD-18). Besonder schön und ruhig liegt das Parkgelände am Ebro-Ufer (CD-19). Hier bleiben wir mit unserer Landyacht zwei Nächte und wären noch gern längere Zeit geblieben. Südlich des Flusses sind der einsame Strand Migjorn und der Parkplatz am kleinen Ort Poblenou zum Übernachten geeignet (CD-20 und CD-21).

Nach einer Radtour durch das Naturschutzgebiet entdecken wir einen kleinen Sportboot- und einen Anglerhafen. Hier werden auch Angeltouren angeboten. Morgens verschaffen wir uns einen letzten Überblick über Flora und Fauna im Informationszentrum und Ökomuseum.

Im Ebro-Delta

Die Stadt **Sant Carles** wurde von Karl III. gegründet, um einen neuen Handelshafen zu schaffen. Der Versuch misslang und Sant Carles blieb eine Kleinstadt mit Resten großartiger Bauwerke, einem guten Sportboothafen und allen Möglichkeiten für den Wassersport. Auf dem Gelände am Hafen und am Strand besteht auch die Möglichkeit, sein Haus auf Rädern für eine Nacht abzustellen (CD-22).

Tour 4
An der Costa del Azahar

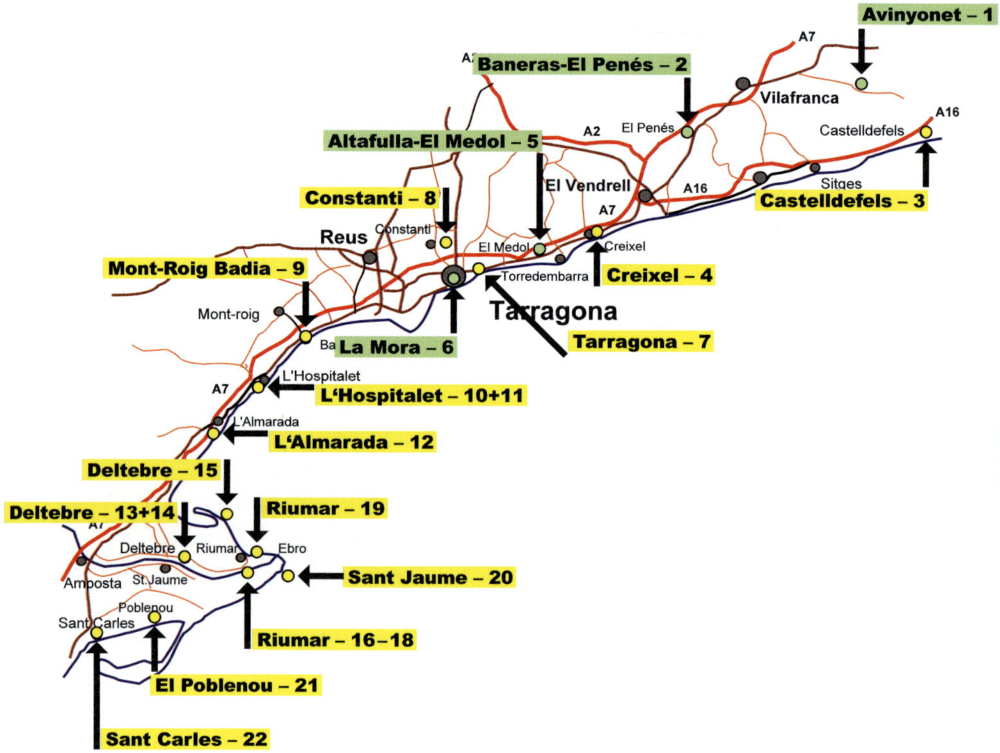

Tour 4: **An der Costa Daurada**

Nr.	Ort, Bezeichnung	Stell-plätze A	Gast-haus	Häu-ser	WC	Bad See	Orts-nähe B	Ent-sorg.	Park-dauer C	Park-gebühr D
CD-1	**Avinyonet, Art Cava** **	**50**	+	+	-	-	**x**	+	**1**	**0**
CD-2	**Baneras-El Penés, Raststätte** *	**10**	+	-	+	-	**x**	+	**1**	**0**
CD-3	Castelldefels, La Pineda **	5	+	+	+	+	15	-	1	0
CD-4	Creixel, Platja de Creixel **	10	-	+	-	+	x	-	1	0
CD-5	**Altafulla-El Medol, Raststätte** *	**10**	+	-	+	-	**x**	+	**1**	**0**
CD-6	**La Mora, Raststätte** *	**10**	+	-	+	-	**x**	+	**1**	**0**
CD-7	Tarragona, Platja Llarga **	10	+	-	+	+	x	-	1	0
CD-8	Constanti, Centcelles **	5	-	+	-	-	x	-	1	0
CD-9	Mont-Roig Badia, Platja Pixoreta **	5	+	+	-	+	x	-	1	0
CD-10	L'Hospitatet, Platja Cristal **	5	-	+	-	+	15	-	1	0
CD-11	L'Hospitalet, Platja de L'Arsenal ***	5	-	-	-	+	x	-	1	0
CD-12	L'Almarada, Platja de L'Almarada **	5	-	-	-	+	x	-	1	0
CD-13	Deltebre, Information *	5	-	+	-	-	x	-	1	0
CD-14	Deltebre, Ecu-Museu **	20	-	+	-	-	10	-	1	0
CD-15	Deltebre, Platja Marquesas **	3	-	-	-	+	x	-	1	0
CD-16	Riumar, Deltarium **	10	+	-	-	-	x	-	1	0
CD-17	Riumar, Illa de Buda ***	10	+	+	-	-	x	-	1	0
CD-18	Riumar, Sportboothafen **	5	-	-	-	-	x	-	1	0
CD-19	Riumar, Ebro-Ufer ****	10	+	-	-	-	x	-	1	0
CD-20	Sant Jaume, Playa de Migjorn **	5	+	-	-	+	x	-	1	0
CD-21	El Poblenou, Ortsrand **	5	-	+	-	-	x	-	1	0
CD-22	Sant Carles, Port ***	10	+	+	-	+	8	-	1	0

Legende

****	sehr ruhige und sehr schöne Lage.
***	sehr ruhige und schöne Lage.
**	ruhige und gute Lage.
*	keine ruhige Lage.
A	Stellplätze gestaffelt nach 3, 5, 10, 20, 30, 50 Wohnmobilen. Dabei wird angenommen, dass nur die Hälfte des Platzes zur Verfügung steht und die andere Hälfte durch Pkws belegt ist.
B	Fußweg in Minuten, x über 15 min Fußweg.
C	Aufenthaltsdauer in Tagen.
D	Stellplatzgebühr in Euro pro Wohnmobil und 24 Stunden oder Parkgebühr.
P	Parkgebühr in der Saison.
T	Aufenthaltsdauer einige Tage.
U	Aufenthaltsdauer unbegrenzt.
fett	Wohnmobil-Stellplatz

Parkplatz (gelb) Wohnmobil-Stellplatz (grün)

Avinyonet del Penedès (Barcelona) Art Cava * CD-1

Private **Wohnmobilplätze** an einer Weinkellerei.

Von der 340 (Barcelona-Vilafranca) im Ort Richtung Caves Avinyo abbiegen. Noch 500 m bis zum Platz rechts (**Calle del San Sebastian**).
Koordinaten: 41° 22,06' Nord, 1° 46,38' Ost.
Koordinaten: 41° 22' 04" Nord, 1° 46' 23" Ost.

Gaststätte und Häuser am Platz.
Ver- und Entsorgung (Bodenrinne und Spülschlauch).
Müllbehälter am Platz.
Weinprobe und Weinkauf am Platz.
Aufenthaltsdauer 24 Stunden.
Ganzjährig zugänglich.
Ausflüge nach Taragona und Barcelona.
Keine Parkgebühr.
Stellmöglichkeiten für 50 Wohnmobile.
Ebene, befestigte Stellflächen.
Kein Schatten.
Informationen: Tel. +34 9 38 97 00 00.

43700 Baneras-El Penedès (Barcelona) Raststätte * CD-2

Asphaltierte **Wohnmobilplätze** an der Raststätte.

Bei Anfahrt aus dem Süden von der AP7 bei km 208 zur Raststätte El Penedès abbiegen. Nächste Ausfahrt Villafranca del Penedès (30).
Koordinaten: 41° 8,40' Nord, 1° 20,91' Ost.
Koordinaten: 41° 8' 24" Nord, 1° 20' 54" Ost.

Gaststätte und Shop am Platz.
Ver- und Entsorgung mit Bodenrinne und Spülschlauch.
Müllbehälter am Platz.
WC und Dusche am Platz. Agip-Tankstelle.
Informationstafel.
Ganzjährig zugänglich.
Aufenthaltsdauer 24 Stunden.
Ausflüge nach Taragona und Barcelona.
Keine Parkgebühr.
Ebene, asphaltierte Stellflächen für 10 Wohnmobile (reserviert für 2 Mobile). Für Caravans erlaubt.
Etwas Schatten.
Informationen: Tel. +34 9 77 67 08 13.

Castelldefels (Barcelona) La Pineda ** CD-3

Zwei befestigte **Parkpätze** am Strand in ruhiger Lage.

Von der Ausfahrt Castelldefels (44) der Schnellstraße C32 abbiegen und nach 300 m rechts Richtung Castelldefels fahren Nach 200 m rechts Richtung Platjes fahren und im Kreisel nach weiteren 300 m links abbiegen (kein Wegweiser). Nach 1 km wird der erste rechts und nach weiteren 100 m der zweite Parkplatz rechts erreicht (Passeig Maritim 55).
Koordinaten 2. Platz: 41° 15,97' Nord, 1° 58,20' Ost.
Koordinaten 2. Platz: 41° 15' 58" Nord, 1° 58' 12" Ost.

Gaststätte am Platz.
Breiter Sandstrand am Platz. Nebenstraße in der Nähe.
WC am Platz (nachts geschlossen).
Stranddusche und Wasserentnahmestellen am Platz.
Ganzjährig zugänglich.
Wanderungen und Radtouren an der Küste.
Besichtigung von Barcelona: Placa de Catalunya, Mercado de la Boqueria, Kolumbusdenkmal, La Llotja (Börse), Sagrada Familia (Heilige Familie), Kathedrale, San Pablo del Campo, Santa Maria del Mar, Rathaus, Montjuich, Pueblo Espanol, Archäologisches Museum, Museum für katalonische Kunst, Museo de Picasso, Museo Frederico Marés, Seefahrtsmuseum.
Keine Parkgebühr.
Befestigte, ebene und leicht schräge Stellflächen für je 5 Mobile.
Etwas Schatten durch einzelne Bäume.

Creixel (Tarragona) Platja de Creixel ** CD-4

Unbefestigtes, holpriges **Parkgelände** am Strand in sehr ruhiger Lage.

Von der N340 Richtung Creixel Platja abfahren und nach 100 m über die Eisenbahnbrücke fahren (8 t). Nach 500 m wird das Parkgelände rechts am Ende der Straße erreicht.
Koordinaten: 41° 07,77' Nord, 1° 18,28' Ost.
Koordinaten: 41° 07' 46" Nord, 1° 18' 17" Ost.

Breiter Sandstrand am Platz.
Stranddusche, Fußdusche und Müllbehälter.
Ganzjährig zugänglich.
Wanderungen und Radtouren an der Küste.
Besichtigung von Tarragona: Kathedrale, Amphitheater, Balcon del Mediterráneo, Augustuspalast, Paseo Arqueológico (Stadtmauern), Archäologisches Nationalmuseum, Römischer Aquädukt, Scipionen-Turm, El Medol (römischer Steinbruch).
Keine Parkgebühr.
Unbefestigte, holprige Stellflächen mit Buschwerk für 10 Mobile.
Kein Schatten.
Wohnmobilverbot in Torredembarra.

43893 Altafulla-El Mèdol (Tarragona) Raststätte* CD-5

Asphaltierte **Wohnmobilplätze** an der Raststätte.

Bei Anfahrt aus dem Süden von der AP7 bei km 237 zur Raststätte El Mèdol abbiegen.
Koordinaten: 41° 08,41' Nord, 1° 20,91' Ost.
Koordinaten: 41° 08' 25" Nord, 1° 20' 55" Ost.

Gaststätte mit Selbstbedienung und Shop am Platz.
Ver- und Entsorgung mit Bodenrinne und Spülschlauch.
Müllbehälter am Platz.
WC und Dusche am Platz.
Agip-Tankstelle.
Bänke und Tische.
Ganzjährig zugänglich.
Aufenthaltsdauer 24 Stunden.
Ausflüge nach Taragona und Barcelona.
Keine Parkgebühr.
Ebene, asphaltierte Stellflächen für 10 Wohnmobilen (reserviert für 3 Mobile).
Für Caravans erlaubt.
Etwas Schatten.
Informationen: Tel. +34 9 77 65 00 08.

43008 La Mora (Tarragona) Raststätte* CD-6

Asphaltierte **Wohnmobilplätze** an der Raststätte.

Bei Anfahrt aus dem Süden von der AP7 östlich von Tarragona zur Raststätte Mèdol abbiegen.
Koordinaten: 41° 08,47' Nord, 1° 20,75' Ost.
Koordinaten: 41° 08' 28" Nord, 1° 20' 45" Ost.

Gaststätte und Shop am Platz.
Ver- und Entsorgung mit Bodenrinne und Spülschlauch.
Müllbehälter am Platz.
WC und Dusche am Platz.
Medol-Tankstelle.
Bänke und Tische.
Ganzjährig zugänglich.
Aufenthaltsdauer 24 Stunden.
Ausflüge nach Taragona und Barcelona.
Keine Parkgebühr.
Ebene, asphaltierte Stellflächen für 10 Wohnmobile.
Für Caravans erlaubt.
Etwas Schatten.
Informationen: Tel. +34 9 77 65 28 50.

Tarragona (Tarragona) Platja Llarga ** CD-7

Befestigtes **Parkgelände** am Strand in ruhiger und schöner Lage.

Von der Ausfahrt Torredembarra (32) der AP7 Richtung Tarragona fahren (N340) und nach 8,9 km links Richtung Platja Llarga abbiegen. Nach 400 m wird der Platz links erreicht
Koordinaten: 41° 07,77' Nord, 1° 18,21' Ost.
Koordinaten: 41° 07' 46" Nord, 1° 18' 14" Ost.

Gaststätten am Platz. Supermarkt in der Nähe.
Meeresblick.
Sandstrand am Platz.
Stranddschen und Müllbehälter. WC am Platz.
Ganzjährig zugänglich. Wohnmobile oft anzutreffen.
Wanderungen und Radtouren an der Küste.
Besichtigung von Tarragona: Kathedrale, Amphitheater, Balcon del Mediterráneo, Augustuspalast, Paseo Arqueológico (Stadtmauern), Archäologisches Nationalmuseum, Römischer Aquädukt, Scipionen-Turm, El Medol (römischer Steinbruch).
Keine Parkgebühr.
Befestigte, holprige, teilweise leicht schräge Stellflächen für 10 Mobile.
Kein Schatten.

Constanti (Tarragona) Centcelles ** CD-8

Befestigter **Parkplatz** an der Ausgrabungsstätte einer römischen Villa in ruhiger Lage.

Von der Ausfahrt Constanti (1160 B) der Schnellstraße A7 Richtung Constanti fahren und nach 1 km im Kreisel links Richtung Constanti abbiegen (T-721). Wieder nach 1 km im Kreisel geradeaus dem Wegweiser Centcelles folgen. Nach 500 m rechts Richtung Constanti Sud abbiegen. Nach 600 m rechts, nach 300 m links, nach 50 m rechts und nach weiteren 200 m wieder rechts dem Wegweiser Centcelles folgen. Noch 400 m bis zum Parkplatz geradeaus.
Koordinaten: 41° 09,31' Nord, 1° 13,46' Ost.
Koordinaten: 41° 09' 19" Nord, 1° 13' 28" Ost.

Häuser in der Nähe.
Besichtigung der Ausgrabungsstätte villa romana.
Wanderungen und Radtouren.
Besichtigung von Tarragona: Kathedrale, Amphitheater, Balcon del Mediterráneo, Paseo Arqueológico (Stadtmauern), Archäologisches Nationalmuseum, Augustuspalast, Römischer Aquädukt, Scipionen-Turm, El Medol (römischer Steinbruch).
Keine Parkgebühr.
Asphaltierte und befestigte, ebene Flächen für 5 Mobile.
Kein Schatten.

Mont-Roig Badia (Tarragona) Platja Pixerota*** CD-9

Befestigter **Parkplatz** am Strand in sehr ruhiger und schöner Lage.

Von der Ausfahrt Mont-Roig der N340 Richtung Mont-Roig und nach 200 m rechts Richtung Platja fahren. Nach 800 m – 300 m nach dem Ortsanfang Badia – wird der Parkplatz am Ende der Straße erreicht.
Koordinaten: 41° 02,62' Nord, 1° 00,21' Ost.
Koordinaten: 41° 02' 37" Nord, 1° 00' 13" Ost.

Häuser am Platz. Gaststätte in der Nähe (nur in der Saison geöffnet).
Tankstelle an der Abfahrt von der N340.
Meeresblick.
Sandstrand am Platz.
Müllbehälter am Strand.
Wanderungen und Radtouren an der Küste.
Ausflug nach Tarragona.
Fahrt nach Valencia.
Keine Parkgebühr.
Asphaltierte und befestigte, ebene Stellflächen für 5 Mobile.
Kein Schatten.

L'Hospitalet (Tarragona) Platja Cristal** CD-10

Asphaltierte **Straßenparkplätze** am Strand in ruhiger und schöner Lage.

Von der Ausfahrt L'Hospitalet der A7 oder der N340 an der Autobahnzufahrt Richtung L'Hospitalet fahren und nach 800 m im Kreisel links fahren. Nach 300 m im Kreisel rechts über die Brücke fahren und gleich nach der Brücke nach 100 m rechts abiegen (**Carrer Ponent**). Nach 100 m links fahren. Noch 500 m bis zum Platz.
Koordinaten: 40° 59,50' Nord, 0° 55,82' Ost.
Koordinaten: 40° 59' 30" Nord, 0° 55' 49" Ost.

Häuser am Platz.
Meeresblick.
Sandstrand am Platz.
Müllbehälter am Strand.
15 Minuten Fußweg zum Ort.
Wanderungen und Radtouren an der Küste.
Nur außerhalb der Saison zugänglich.
Fahrt zum Ebro-Delta.
Ausflug nach Tarragona.
Keine Parkgebühr.
Asphaltierte, ebene Stellflächen für 5 Mobile.
In der Saison durch Pkw belegt.
Kein Schatten.

L'Hospitalet (Tarragona) Platja de Arsenal*** CD-11

Steiniges **Parkgelände** am Strand in sehr ruhiger und schöner Lage.

Von der Ausfahrt L'Hospitalet der A7 oder der N340 an der Autobahnzufahrt Richtung L'Hospitalet fahren und nach 300 m rechts Richtung Platja de Arsenal abbiegen. Nach 500 m im Kreisel geradeaus Richtung Platja de Arsenal fahren. Nach 100 m links, nach weiteren 100 m rechts, nach weiteren 200 m rechts und nach nochmals 200 m rechts werden kleine asphaltierte und befestigte Ausweichparkplätze erreicht. Nach weiteren 200 m am Ende der Strandstraße links zu dem steinigen Parkgelände abbiegen.
Koordinaten: 40° 59,13' Nord, 0° 54,71' Ost.
Koordinaten: 40° 59' 08" Nord, 0° 54' 43" Ost.

Häuser in der Nähe.
Meeresblick.
Sandstrand am Platz.
Müllbehälter am Strand.
15 Minuten Fußweg zum Ort.
Wanderungen und Radtouren an der Küste.
Ganzjährig zugänglich.
Fahrt zum Ebro-Delta.
Ausflug nach Tarragona.
Keine Parkgebühr.
Steinige, etwas schräge Stellflächen für 5 Mobile.
Kein Schatten.

L'Almerada (Tarragona) Platja de L'Almerada** CD-12

Unbefestigter **Parkplatz** an der Küste in ruhiger Lage.

Von der Ausfahrt L'Almarada der N340 südlich von L'Hospitalet Richtung Platja fahren. Nach 500 m rechts fahren (**Carrer de Currica**). Nach 600 m wird der kleine steinige Platz am Strand links und der größere unbefestigte Platz rechts erreicht.
Koordinaten: 40° 56,12' Nord, 0° 51,41' Ost.
Koordinaten: 40° 56' 07" Nord, 0° 51' 25" Ost.

Gaststätten am Platz.
Einsame Lage.
Steiniger Strand am Platz.
Wanderungen und Radtouren an der Küste.
Ganzjährig zugänglich.
Fahrt durch das Ebro-Delta.
Ausflug nach Tarragona.
Keine Parkgebühr.
Unbefestigte und steinige, etwas schräge Stellflächen für 2 Wohnmobile links und 10 Mobile rechts.
Für sehr große Wohnmobile nicht geeignet.
Etwas Schatten durch Randbäume.

Deltebre (Tarragona) Information* CD-13

Geschotterter **Parkplatz** an der Information am Ortsrand.

Von der Ausfahrt Deltebre der N340 Richtung Deltebre fahren und nach 300 m links Richtung Deltebre und nach 7,3 km nach dem 1. Kreisel rechts zum Parkplatz abbiegen.
Koordinaten: 40° 43,21' Nord, 0° 51,54' Ost.
Koordinaten: 40° 43' 13" Nord, 0° 51' 32" Ost.

Häuser in der Nähe.
Info-Stand (nur in der Saison geöffnet).
Bänke und Tische am Platz.
Straße am Platz.
Wasserentnahmestelle (Trinkwasser) am Platz.
Besuch des Eco-Museu in Deltebre.
Wanderungen und Radtouren im Ebro-Delta.
Ganzjährig zugänglich.
Fahrt durch das Ebro-Delta.
Ausflug nach Tortosa.
Keine Parkgebühr.
Befestigte, ebene Stellflächen für 5 Wohnmobile.
Etwas Schatten durch einzelne Bäume.

Deltebre (Tarragona) Eco-Museu** CD-14

Befestigter **Parkplatz** in der Nähe der Information in ruhiger Lage.

Von der Ausfahrt Deltebre der N340 Richtung Deltebre fahren und nach 300 m links Richtung Deltebre abbiegen (TV3454) und nach 11,3 km im Kreisel rechts dem Wegweiser Centre d'Information folgen. Nach 100 m rechts Richtung Centre d'Information abbiegen (**Carrer Dr. Marti Buera**). Noch 200 m bis zum Parkplatz links.
Koordinaten: 40° 43,34' Nord, 0° 43,30' Ost.
Koordinaten: 40° 43' 20" Nord, 0° 43' 18" Ost.

Häuser am Platz.
Supermarkt am Platz.
Besuch Eco-Museu.
Wanderungen und Radtouren im Ebro-Delta.
Ganzjährig zugänglich.
Fahrt durch das Ebro-Delta.
Ausflug nach Tortosa.
Keine Parkgebühr.
Befestigte, ebene Stellflächen für 20 Wohnmobile.
Kein Schatten.

Deltebre (Tarragona) Platja Marquesas ** CD-15

Kleiner, unbefestigter **Parkplatz** an einer Gaststätte in sehr ruhiger und schöner Lage.

Von der Ausfahrt Deltebre der N340 Richtung Deltebre fahren und nach 300 m links Richtung Deltebre abbiegen und nach 7,3 km an allen Kreiseln bei Deltebre geradeaus Richtung Riumar fahren. Nach weiteren 5,3 km im Kreisel links dem Wegweiser Platja de la Marquesa/Punta del Fangar folgen. Nach weiteren 4,4 km links und nach 300 m wieder rechts Richtung Platja de la Marquesa fahren. Noch 3,5 km bis zum Parkplatz rechts.
Koordinaten: 40° 45,72' Nord, 0° 47,84' Ost.
Koordinaten: 40° 45' 43" Nord, 0° 47' 50" Ost.

Gaststätte am Platz.
Einsame Lage.
Breiter Sandstrand am Platz.
Strandwanderungen nach Riumar
und Punta del Fangar.
Wanderungen und Radtouren im Ebro-Delta.
Ganzjährig zugänglich.
Fahrt durch das Ebro-Delta.
Ausflug nach Tortosa.
Keine Parkgebühr.
Unbefestigte, unebene Stellflächen für 3 Wohnmobile.
Für große Wohnmobile nicht geeignet.
Kein Schatten.
Nach Regenfällen überflutet. Oft matschig.

Riumar (Tarragona) Deltarium ** CD-16

Großer, geschotterter **Parkplatz** am Deltarium in ruhiger und schöner Lage.

Von der Ausfahrt Deltebre der N340 Richtung Deltebre fahren und nach 300 m links Richtung Deltebre abbiegen und nach 7,3 km im 1. Kreisel und an allen Kreiseln bei Deltebre geradeaus Richtung Riumar fahren. Nach weiteren 11,9 km im Kreisel rechts Richtung Deltarium abbiegen. Noch 400 m bis zum Parkplatz rechts.
Koordinaten: 40° 42,56' Nord, 0° 48,90' Ost.
Koordinaten: 40° 42' 34" Nord, 0° 48' 54" Ost.

Gaststätte am Platz. WC in der Gaststätte.
Besuch des Deltarium (Parc de Natur).
Eintritt 3 € pro Erw., 2 € pro Kind.
Öffnungszeiten 10.00 Uhr bis Sonnenuntergang.
Spielplatz und Bänke und Tische im Park.
Naturschutzgebiet (parc natural) Illa de Buda
in der Nähe.
Wanderungen und Radtouren im Ebro-Delta.
Ganzjährig zugänglich.
Fahrt durch das Ebro-Delta.
Ausflug nach Tortosa.
Keine Parkgebühr.
Befestigte, ebene Stellflächen für 10 Wohnmobile.
Kein Schatten.

Riumar (Tarragona) Anlegestelle Illa de Buda*** CD-17

Befestigter **Parkplatz** am Ebro-Hafen für Rundfahrten in sehr ruhiger und schöner Lage.

Von der Ausfahrt Deltebre der N340 Richtung Deltebre fahren und nach 300 m links Richtung Deltebre abbiegen und nach 7,3 km an allen Kreiseln bei Deltebre geradeaus Richtung Riumar fahren. Nach weiteren 13,5 km im Kreisel rechts Richtung Illa de Buda fahren. Noch 700 m bis zum Parkplatz rechts.
Koordinaten: 40° 42,81' Nord, 0° 50,02' Ost.
Koordinaten: 40° 42' 49" Nord, 0° 50' 01" Ost.

Gaststätten, Souvenirläden und Häuser am Platz.
Hafen für Delta-Rundfahrten in der Nähe.
Müllcontainer am Platz.
Naturschutzgebiet (parc natural) Illa de Buda in der Nähe.
Wanderungen und Radtouren im Ebro-Delta.
Ganzjährig zugänglich.
Fahrt durch das Ebro-Delta.
Ausflug nach Tortosa.
Keine Parkgebühr.
Befestigte, ebene Stellflächen für 10 Wohnmobile.
Kein Schatten.

Riumar (Tarragona) Sportboothafen** CD-18

Asphaltierter und geschotterter **Parkplatz** am Sportboothafen in sehr ruhiger Lage.

Von der Ausfahrt Deltebre der N340 Richtung Deltebre fahren und nach 300 m links Richtung Deltebre abbiegen und nach 7,3 km an allen Kreiseln bei Deltebre geradeaus Richtung Riumar fahren. Nach weiteren 13,5 km im Kreisel rechts Richtung Illa de Buda fahren. Nach 800 m links an der Anlegestelle vorbei am Ebro-Ufer entlangfahren. Nach weiteren 700 m links zu den asphaltierten Parkplätzen fahren. Nach 200 m rechts fahren und nach weiteren 200 m rechts auf den geschotterten Parkplatz abbiegen.
Koordinaten: 40° 43,05' Nord, 0° 50,75' Ost.
Koordinaten: 40° 43' 03" Nord, 0° 50' 45" Ost.

Hafen für Sportboote am Platz.
Naturschutzgebiet (parc natural) Illa de Buda in der Nähe.
Wanderungen und Radtouren im Ebro-Delta.
Ganzjährig zugänglich.
Fahrt durch das Ebro-Delta.
Ausflug nach Tortosa.
Keine Parkgebühr.
Befestigte und asphaltierte, ebene Stellflächen für insgesamt 5 Wohnmobile.
Kein Schatten.

Riumar (Tarragona) Ebro-Ufer **** CD-19

Befestigter **Parkplatz** am Ebro-Ufer in sehr ruhiger und sehr schöner Lage.

Von der Ausfahrt Deltebre der N340 Richtung Deltebre fahren, nach 300 m links Richtung Deltebre abbiegen und nach 7,3 km an allen Kreiseln bei Deltebre geradeaus Richtung Riumar fahren. Nach weiteren 13,5 km im Kreisel halblinks Richtung Riumar fahren. Nach 1,4 km im Kreisel vor Riumar rechts Richtung Camping L'Aube fahren. Nach weiteren 400 m halbrechts dem Wegweiser Camping L'Aube folgen, am Campingplatz vorbeifahren, links abbiegen und nach 700 m zum Parkgelände rechts abbiegen.
Koordinaten: 40° 43,19' Nord, 0° 51,42' Ost.
Koordinaten: 40° 43' 11" Nord, 0° 51' 25" Ost.

Gaststätte am Platz.
Blick auf den Ebro.
Naturschutzgebiet (parc natural) in der Nähe.
Wanderungen und Radtouren im Ebro-Delta.
Ganzjährig zugänglich.
Fahrt durch das Ebro-Delta.
Ausflug nach Tortosa.
Keine Parkgebühr.
Befestigte, ebene Stellflächen für 5 Wohnmobile.
Etwas Schatten durch einzelne hohe Bäume.

Sant Jaume (Tarragona) Playa de Migjorn ** CD-20

Kleiner unbefestigter **Parkplatz** am Strand in sehr ruhiger und schöner Lage.

Von der Ausfahrt Amposta der A7 Richtung Aposta/Sant Carles fahren (N340) und nach der Ebro-Brücke nach 2,5 km Richtung Sant Jaume abbiegen. Nach 3,7 km im Kreisel halblinks dem Wegweiser Sant Jaume folgen. Nach weiteren 7,3 km in Sant Jaume an der Ampel geradeaus Richtung Platjes fahren (**Avinguida L'Illa de Buda**) (Kanal rechts). Nach weiteren 1,4 km rechts über die Brücke und gleich wieder links fahren (Kanal links). Nach weiteren 8,4 km rechts fahren. Noch 3 km bis zum Platz am Strand rechts.
Koordinaten: 40° 41,05' Nord, 0° 51,19' Ost.
Koordinaten: 40° 41' 03" Nord, 0° 51' 11" Ost.

Einsame Lage.
Gaststätte in 500 m Entfernung.
Sandstrand am Platz. Müllcontainer am Platz.
Tische und Bänke, Grillstellen und Spielplatz am Platz.
Naturschutzgebiet (parc natural) Illa de Buda.
Beobachtungsturm.
Ganzjährig zugänglich.
Fahrt durch das Ebro-Delta.
Ausflug nach Tortosa.
Keine Parkgebühr.
Unbefestigte, holprige Stellflächen für 5 Wohnmobile.
Für sehr große Wohnmobile nicht geeignet
(rechtwinklige Brücken-Auffahrt).
Kein Schatten.

El Poblenou del Delta (Tarragona) Ortsrand** CD-21

Befestigter kleiner **Parkplatz** am Ortsrand in ruhiger Lage.

Von der N340 (Castellon-Taragona) nordöstlich von les Cases Richtung Delta d'el Ebre/Sant Carles abbiegen. Nach 5,2 km im Kreisel halbrechts, nach 600 m rechts und nach 100 m links dem Wegweiser Delta d'el Ebre/Port folgen (Lkw-Gebot). Nach 1 km rechts Richtung Richtung El Poblenou/Casa del Fusta abbiegen. Nach 7,8 km wird der Parkplatz links erreicht.
Koordinaten: 40° 38,70' Nord, 0° 41,21' Ost.
Koordinaten: 40° 38' 42" Nord, 0° 41' 13" Ost.

Gaststätte in der Nähe.
Häuser am Platz.
Müllcontainer am Platz.
Ganzjährig zugänglich.
Wandern und Radtouren im Ebro-Delta.
Fahrt nach Peñíscola.
Keine Parkgebühr.
Ebene und holprige, befestigete Stellflächen für 5 kleine Wohnmobile.
Für große Wohnmobile nicht geeignet.
Etwas Schatten durch Randbäume.

Sant Carles de la Rapita (Tarragona) Port*** CD-22

Asphaltierte und befestigte **Parkplätze** am Sportboothafen in sehr ruhiger und schöner Lage.

Von der N340 (Castellon-Taragona) nordöstlich von les Cases Richtung Delta d'el Ebre/Sant Carles abbiegen. Nach 5,2 km im Kreisel halbrechts, nach 600 m rechts und nach 100 m links dem Wegweiser Delta d'el Ebre/Port folgen. Noch 200 m bis zur Einfahrt. Zu den hinteren Plätzen durchfahren.
Koordinaten: 40° 36,91' Nord, 0° 35,70' Ost.
Koordinaten: 40° 36' 54" Nord, 0° 35' 43" Ost.

Gaststätte am Platz. Häuser in der Nähe.
Blick auf das Meer und den Hafen.
Sandstrand am Platz.
Spielplatz und Müllcontainer am Platz.
Ganzjährig zugänglich.
Wohnmobile oft anzutreffen.
Wandern und Radtouren an der Küste.
Ausflüge zum Ebro-Delta.
Fahrt zur Costa del Azahar.
Keine Parkgebühr.
Ebene, asphaltierte Stellflächen für 10 Wohnmobile.
Etwas Schatten.

Orangen- und Reisfelder

Costa del Azahar

Tour 5

Wir besuchen auf unserem Weg vom Ebro-Delta zur Costa del Azahar die Gaststätte „Spätzle-Fritz“ mit einem der seltenen großzügigen privaten Wohnmobil-Stellplätze in Spanien (**CA-1**). Stellplatz und Restaurant „Spätzle Fritz“ bei S. Rafael ist eine deutsche Existenzgründung in Spanien und für alle Wohnmobilurlauber oder -überwinterer als Durchreisestation sehr zu empfehlen. Er ist von der Autobahn A7 oder der N 340 leicht zu erreichen. Die Chefin kümmert sich reizend um die Gäste. Es gibt nicht nur „schwäbische Küche“, sonder auch spanische und internationale Gerichte. Wird im Restaurant gegessen, müssen die 6 € Stellplatzgebühr nicht bezahlt werden.

Südlich des Ebro-Deltas beginnt die Provinz Castellón und die Küste der Orangenblüte, die Costa del Azahar. Orangenhaine ohne Ende ersetzen die sumpfigen Reisfelder, aber auch Industrie hat sich zwischen den Plantagen und den Hotelburgen an der Küste angesiedelt. Mandelbäume blühen und Apfelsinen und Zitronen werden gerade geerntet.

An der Küstenstraße nach Vinaros eignet sich ein Parkplatz für eine Übernachtung (CA-2). Vinaros ist heute noch ein Fischereihafen. Der Touristenrummel ist in diesem Ort noch nicht ausgeufert, viel Ursprünglichkeit ist erhalten geblieben.

In den küstennahen Regionen überwiegen jetzt die Orangen- und Zitronenhaine sowie der Gemüseanbau ohne Plastikgewächshäuser. Die Zweisprachigkeit – neben Spanisch Katalanisch bzw. Valencianisch – wirkt sich hier für Autofahrer negativ aus, denn die Gegner der jeweils anderen Schreibweise schwärzen oftmals die Ortsnamen auf den Straßenschildern. Die touristische Nutzung des Küstenstreifens soll gravierende Probleme bei der Müll- und Abwasserentsorgung mit sich bringen.

Sportboothafen in Sant Carles

Benicarló ist ein beliebter Touristenort mit schönen Promenaden und feinsandigen Stränden. Bis Peñíscola dehnen sich die Hotel- und Ferienanlagen aus und setzen sich dort fort. Im Ort besteht die Möglichkeit für einen mehrtägigen Aufenthalt (**CA-3**).

In **Peñíscola** siedelten lange vor den Christen Kelten, Phönizier, Griechen, Karthager, Römer und Mauren. Wir erinnern uns, hier vor 25 Jahren in einem kleinen Wirtshaus vom Wirt in die Geheimnisse des Fischsuppekochens und -essens eingeweiht worden zu sein. Anschließend aßen wir damals Riesengambas, und alles für wenige Peseten. Wir sind enttäuscht, die Touristensilos stehen heute in mehreren Reihen am breiten Sandstrand. Von der Ursprünglichkeit des mittelalterlichen Ortes Peñíscola ist nur noch die Ansicht der Würfelhäuser auf der felsigen Halbinsel mit der Templerburg aus dem 13. Jahrhundert, Zufluchtsort des Gegenpapstes Benedikt XIII., geblieben.

Der empfohlene Wohnmobilstellplatz ist abgeschrankt, da überfüllt und leider viel zu klein, denn auch in der Nebensaison drängen sich hier Wand an Wand die Mobile (**CA-4**). Zum Ein- und Ausparken müssen der Nachbar und andere Fahrzeuge erst einmal Platz machen. Es wäre uns sowieso zu eng gewesen. Auch in Alcober ist der private Stellplatz für Caravan und Mobile viel zu klein geraten und deshalb immer überfüllt (**CA-5**). Bevor man die lange, schmale Straße befährt und mit Schwierigkeiten eine Kehrtwendung am Platz durchführt, sollte man den Telefonhörer ergreifen und die Lage erkunden.

An einem nahezu unzugänglichen Naturschutzgebiet liegt der kleine Ort Torrenostra mit wenigen Ferienhäusern und einer Übernachtungsmöglichkeit für Wohnmobiltouristen. Wie entscheiden uns, wieder diesen Ort anzusteuern, der uns schon öfters beherbergt hat. Die Promenade ist menschenleer, alle Lokale und Geschäfte noch geschlossen zu dieser Jahreszeit. Aber die Sonne lacht vom Himmel, das Meer rauscht vor unserer Haustür, ein paar einheimische Angler grüßen freundlich mit „Hola“, und ein spanisches und ein französisches Wohnmobil hat unseren Platz ebenfalls angesteuert. Wir machen einen langen Spaziergang durch das Naturschutzgebiet „Parc national del prat de Cabanes – Torreblanca“. Von einem Beobachtungsturm schauen wir auf die weiten Salz- und Brackwassergebiete. An beiden Ortsrändern finden wir unmittelbar am Kies- und Sandstrand gute, ruhige Plätze zum Übernachten (CA-6). Die Polizei fährt vorbei und winkt uns freundlich zu.

Oropesa und Benicasim sind ebenfalls Hochburgen des Tourismus. Wir versuchen in Oropesa einen Stellplatz zu finden, wühlen uns durch den belebten Ort und finden am Strand das grässliche Wohnmobilverbotsschild. Zum Lohn für unsere Mühe müssen wir uns dann auch noch selbst eine „Umleitung“ durch den Ort suchen durch zugeparkte Gassen, da die Zufahrt zur Hauptstraße wegen einer Baustelle gesperrt war. Umleitungsschilder sind in Spanien fast unbekannt. Ganz ohne Stress geht Stellplatzsuche nicht! In Oropesa sind der Torre del Rey, ein alter Wehrbau, und der Leuchtturm sehenswert.

Von dem Touristenzentrum Benicasim lohnt ein Ausflug zu dem Landschaftsschutzgebiet Desierto de las Palmas mit Palmen- und Pinienwäldern, zu den Ruinen der Burg Montores und zum Berg Bartolo mit einem wunderschönen Blick auf die Küste und das Meer. In der Nebensaison kann man mitten in dem von Touristen fast verlassenen Ort Benicasim einen ruhigen Platz für die Nacht finden (CA-7).

Die Provinzhauptstadt **Castellón** ist ein wichtiger Handelshafen für die Ausfuhr von Orangen. Uns erfreut die Stadt mit einem wunderschönen feinkörnigen Sandstrand direkt neben dem Hafenviertel El Grao, ideal für unsere Mittagsrast. Im Hafenviertel El Grao erleben wir noch das bunte Gewirr alter, kleiner Fischerhäuser. Sogar eine Übernachtungsmöglichkeit besteht am Strand von El Pinar (CA-8).

Die gotische Kathedrale Santa Maria in Castellón entstand im 14. Jahrhundert, der frei stehende, 87 Meter hohe Glockenturm erst zwei Jahrhunderte später. Weitere Sehenswürdigkeiten sind die Kirche San Agustin, das Rathaus von 1700 und das Kapuzinerinnenkloster.

Burriana mit seinem schönen Hafen, langen Sandstränden und riesigen, teilweise schattigen Parkplätzen am Meer zieht uns an, will uns aber nicht beherbergen. Überall ist Parken für Wohnmobile verboten. Trotz der Verbotsschilder haben mehrere Mobile hier ihr Nachtlager aufgeschlagen.

Eine Gaststätte am Strand

Strand bei Castellon

An der Küste südlich von Moncofa besteht die Möglichkeit, das fahrbare Haus für eine Nacht am steinigen Strand abzustellen (CA-9). Viel Raum haben hier die vielen Angler und die Wohnmobilisten. Dann beginnen nördlich von Sagunto wieder die schönen Sandstrände mit einem breiten Dünengürtel. Für die Übernachtung gibt es einen Parkplatz in Amardá (CA-10).

Sagunto, in der Antike eine berühmte Stadt, liegt etwas abseits von der Küste und wird von den mächtigen Ruinen der antiken Burg Saguntum, dessen Mauern sich über 800 Meter am Berg entlangziehen, überragt. Die riesige Festungsanlage hoch über Sagunt wurde nach der iberischen Gründung von den Römern ausgebaut. Von den Burgmauern hat man einen **Panoramablick** auf die Stadt und das Meer. In den Punischen Kriegen leisteten die römischen Bewohner lange dem punischen Feldherrn Hannibal heldenhaften Widerstand und verzögerten dadurch seinen spektakulären Feldzug über die Alpen nach Italien. Aus römischer Zeit ist das Theater für 7000 Menschen mit einem Durchmesser von 50 Metern noch sehr gut erhalten. Die wertvollen Funde aus dem Theater werden im Archäologischen Museum aufbewahrt. Aus dem Mittelalter stammt die gotische Kirche Santa Maria, im Inneren mit einem prächtigen Hochaltar aus dem 18. Jahrhundert ausgestattet.

Bei El Puig beginnen wieder die schönen Sandstrände. Sehenswert sind die Burgruine, das am Fuß der Burg gelegene Kartäuserkloster Virgen del Puig und die Wallfahrtskapelle San Jorge. Der folgende Küstenabschnitt gehört zur Provinz Valencia und wird als Costa de Valencia bezeichnet.

Naturschutzgebiet an der Küste

Tour 5
An der Costa del Azahar

Costa del Azahar

Tour 5: **An der Costa del Azahar**

Nr.	Ort, Bezeichnung	Stell-plätze	Gast-haus	Häu-ser	WC	Bad See	Orts-nähe	Ent-sorg.	Park-dauer	Park-gebühr
		A					B		C	D
CA-1	**San Rafael, Planes del Reine *****	**20**	**+**	**+**	**+**	**-**	**x**	**+**	**U**	**6**
CA-2	Vinaros, Cala Sol de Rui Nord **	10	-	+	-	+	x	-	1	0
CA-3	**Benicarlo, La Mersera ****	**75**	**+**	**+**	**+**	**-**	**5**	**+**	**U**	**10**
CA-4	**Peñíscola, Las Moreras ****	**20**	**-**	**+**	**-**	**+**	**x**	**+**	**U**	**8-15**
CA-5	**Alcober, Cap y Corb ****	**10**	**-**	**+**	**+**	**-**	**x**	**+**	**U**	**15**
CA-6	Torreblanca-Torrenostra, Playa ***	5	+	+	-	+	5	-	1	0
CA-7	Benicassim, Ortsparkplatz **	20	-	+	-	+	5	-	1	0
CA-8	Castellón-Hafen, Playa del Pinar **	20	-	+	-	+	x	-	1	0
CA-9	Moncofa, Playa de Pucol ***	50	-	+	-	+	x	-	1	0
CA-10	Almardá, Playa **	10	-	+	-	+	x	-	1	0

Legende

****	sehr ruhige und sehr schöne Lage.
***	sehr ruhige und schöne Lage.
**	ruhige und gute Lage.
*	keine ruhige Lage.
A	Stellplätze gestaffelt nach 3, 5, 10, 20, 30, 50 Wohnmobilen. Dabei wird angenommen, dass nur die Hälfte des Platzes zur Verfügung steht und die andere Hälfte durch Pkws belegt ist.
B	Fußweg in Minuten, x über 15 min Fußweg.
C	Aufenthaltsdauer in Tagen.
D	Stellplatzgebühr in Euro pro Wohnmobil und 24 Stunden oder Parkgebühr.
P	Parkgebühr in der Saison.
T	Aufenthaltsdauer einige Tage.
U	Aufenthaltsdauer unbegrenzt.
fett	Wohnmobil-Stellplatz

Parkplatz Wohnmobil-Stellplatz

12320 San Rafael del Rio (Castellón) Planes del Reine *** CA-1

Wohnmobil- und Caravanplatz in ruhiger und schöner Lage.

Von der N340 (Castellon-Tarragona) bei Vinaros Richtung Ulldecona abbiegen (N380). Nach 8 km Richtung San Rafael fahren (CV-11). Noch 5,1 km bis zum Wohnmobilplatz links (**Carretera San Rafael a Vinaroz**).
Koordinaten: 40° 12,71' Nord, 0° 11,01' Ost.
Koordinaten: 40° 12' 42" Nord, 0° 11' 01" Ost.

Gaststätte am Platz (Mo. Ruhetag). Häuser am Platz.
Bäcker-Service am Platz. Geschäfte und Tankstelle in 3 km Entfernung.
Entsorgung von Kassetten und Wasserversorgung am Platz. Tankentleerung geplant.
WC und Dusche (Gebühr 2 €) am Platz. Stromanschluss möglich (Gebühr 4 Euro). Müllbehälter am Platz.
Ganzjährig zugänglich. Wohnmobile oft anzutreffen. Aufenthaltsdauer nicht begrenzt.
Kinderspielplatz, Tischtennis und Tennisplätze am Platz.
Golfplatz in der Nähe.
Wandern und Radtouren. Wander- und Radwege.
Besichtigung von Peñiscola.
Ausflüge zur Costa Daurada, zu verschiedenen Klöstern und zum Stausee.
Fahrt zum Ebro-Delta.
Parkgebühr: 6 € (entfällt bei der Einnahme eines Essens).
Ebene, geschotterte Flächen für 20 Mobile oder Caravan.
Etwas Schatten am Rand.
Informationen: Tel. +34964 76 52 21.
E-Mail: spaetzlefritz@terra.

12500 Vinaros (Castellón) Cala Sol de Rui Nord ** CA-2

Befestigtes **Parkgelände** in ruhiger und schöner Lage.

Von der N340 (Castellon-Tarragona) 7 km nordöstlich von Vinaros Richtung Vinaros por la costa abbiegen. Nach 500 m wird der Platz links an der Küste erreicht. Zum hinteren Parkgelände über den Schotterweg links fahren.
Koordinaten: 40° 38,84' Nord, 0° 30,44' Ost.
Koordinaten: 40° 38' 50" Nord, 0° 30' 26" Ost.

Häuser am Platz.
Blick auf das Meer und die Küste bei Vinaros.
Felsküste und Bucht am Platz.
Müllcontainer am Platz.
Ganzjährig zugänglich.
Wandern und Radtouren an der Küste.
Besichtigung von Peñiscola.
Ausflüge zur Costa Daurada und zum Ebro-Delta.
Keine Parkgebühr.
Ebene befestigte und unbefestigte Stellflächen für 10 Wohnmobile.
Kein Schatten.
Ausweichparkplatz 500 m südlich (Küstenstraße).

12580 Benicarlo La Mersera ** CA-3

Befestigter **Wohnmobilplatz** im Ort in ruhiger Lage.

Von der Küstenstraße Vinaros-Benicarlo (CV-140) in Benicarlo dem Wegweiser La Mersera folgen und zum Platz abbiegen (**Carreterra de Peñíscola**).
Koordinaten: 40° 23,87' Nord, 0° 24,78' Ost.
Koordinaten: 40° 23' 52" Nord, 0° 24' 47" Ost.

Gaststätten und Geschäfte in der Nähe. Häuser am Platz.
Ver- und Entsorgung am Platz.
Stromanschluss möglich. Gebühr 2 €.
Müllbehälter am Platz. WC und Dusche (kalt) am Platz.
Feiner, sehr breiter Sandstrand in der Nähe (200 m).
Ganzjährig zugänglich.
Wohnmobile immer anzutreffen.
Aufenthaltsdauer nicht begrenzt.
5 Minuten Fußweg zur Ortsmitte.
Besichtigung von Peñíscola.
Ausflug zur Costa del Azahar. Fahrt nach Castellon.
Parkgebühr: 10 € einschl. Sanitäranlage.
Stellmöglichkeiten für 75 Wohnmobile.
Für große Wohnmobile nicht geeignet.
Kein Schatten.
Informationen: +34 9 64 47 01 00.

12598 Peñíscola (Castellón) Las Moreras ** CA-4

Befestigter **Wohnmobil- und Caravanplatz** in der Nähe des Strandes in ruhiger Lage.

Von der Ausfahrt Peñíscola (43) der AP7 Richtung Peñíscola fahren (N340) und nach 2,5 km links Richtung Peñíscola abbiegen. Nach weiteren 4,6 km im Kreisel links Richtung Platja Nord fahren und nach 900 m links zur Uferstraße abbiegen. Nach weiteren 2,7 km rechts und nach 800 m links dem Wegweiser Parking Las Morenas folgen. Noch 200 m bis zum Platz rechts (**Avinguda Papa Luna 113**).
Koordinaten: 40° 23,40' Nord, 0° 24,59' Ost.
Koordinaten: 40° 23' 24" Nord, 0° 24' 36" Ost.

Gaststätten in der Nähe. Häuser am Platz.
Feiner, sehr breiter Sandstrand in der Nähe (200 m).
Müllbehälter, WC und kalte Dusche am Platz.
Stromanschluss möglich.
Ver- und Entsorgung am Platz. Gebühr 2 €.
Ganzjährig zugänglich.
Mobile immer anzutreffen. Aufenthalt nicht begrenzt.
Besichtigung von Peñíscola.
Ausflug zur Costa del Azahar. Fahrt nach Castellon.
Parkgebühr: 8-15 € für 24 Stunden je nach Saison.
Stellflächen für 20 Mobile oder Caravan.
Oft vollständig belegt. Enge Stellflächen.
Für große Wohnmobile nicht geeignet. Wenig Schatten.
Informationen: Tel. +34 6 57 61 86.

12579 Alcober-Cap y Corp (Castellón) Bachmann** CA - 5

Befestigter **Wohnmobil- und Caravanplatz** in sehr ruhiger Lage.

Von der N340 südlich von Alcober Richtung Cap y Corp abbiegen und durch die Unterführung (4 m) fahren. Nach 200 m links fahren (5,5 t) und nach weiteren 1,1 km rechts Richtung Cap y Corp abbiegen (schmale Straße). Nach 3,2 km und nach 200 m geradeaus dem Wegweiser Cap y Corp folgen. Nach 100 m links Richtung Torre fahren. Noch 200 m bis zum Platz rechts.
Koordinaten: 40° 13,15' Nord, 0° 15,38' Ost.
Koordinaten: 40° 13' 09" Nord, 0° 15' 23" Ost.

Häuser am Platz. WC und sanitäre Anlagen am Platz.
Müllbehälter am Platz. Stromanschluss möglich.
Wasserversorgung am Platz.
Keine Beschilderung.
Ganzjährig zugänglich. Wohnmobile immer anzutreffen.
Oft durch Mobile belegt.
Aufenthaltsdauer nicht begrenzt.
Besichtigung von Peñíscola.
Ausflug zur Costa el Azahar.
Fahrt nach Castellón.
Parkgebühr: 15 € für 24 Stunden.
Stellmöglichkeiten für 10 Mobile oder Caravan.
Für große Wohnmobile nicht geeignet.
Wenig Schatten durch einzelne Bäume.

12596 Torreblanca-Torrenostra (Castellón) Playa*** CA-6

Befestigte **Parkbuchten** am Strand in sehr ruhiger Lage.

Von der Ausfahrt Torreblanca (44) der AP7 Richtung Torreblanca fahren (N340) und nach 1,1 km geradeaus Richtung Centro/Playa abbiegen. Nach 500 m im Ort links Richtung Playa abbiegen. Nach weiteren 3,6 km – 3,1 km nach dem Ortsende Torreblanca – vor den Hochhäusern rechts abbiegen. Nach 600 m links fahren. Nach 100 m wird rechts das Parkgelände erreicht. Zum Ausweichparkplatz vor den Hochhäusern links fahren und nach 300 m rechts abbiegen. Nach 100 m links fahren. Noch 200 m bis zu den Parkbuchten rechts.
Koordinaten: 40° 11,45' Nord, 0° 13,08' Ost. Ausweichplatz 40° 11,75' Nord, 0° 13,12' Ost.
Koordinaten: 40° 11' 27" Nord, 0° 13' 05" Ost. Ausweichplatz 40° 11' 45" Nord, 0° 13' 07" Ost.

Gaststätten in der Nähe. Häuser am Platz.
Feiner Sandstrand am Platz.
Müllbehälter am Platz.
Ganzjährig zugänglich.
Angeln im Meer.
Wanderungen im Parc natural del Prat de Torreblanca.
Besichtigung von Peñíscola.
Ausflug zur Costa del Azahar.
Fahrt nach Castellón.
Keine Parkgebühr.
Ebene und leicht schräge Stellflächen für je 5 Mobile.
Außerhalb der Saison Wohnmobile geduldet.
Kein Schatten.

12560 Benicassim (Castellón) Ortsparkplatz ** CA-7

Asphaltierter **Parkplatz** im Ort in ruhiger Lage.

Von Castellón auf der Küstenstraße nach Benicassim fahren und im Ort auf der Küstenstraße bleiben. 4,3 km nach dem Beginn der Bebauung – vom ersten Kreisel Benicassim – rechts dem P-Schild/Sackgasse von der Straße **Carrer le Corte** folgen. Noch 300 m bis zum Parkplatz links.
Koordinaten: 40° 02,84' Nord, 0° 04,08' Ost.
Koordinaten: 40° 02' 50" Nord, 0° 04' 05" Ost.

Häuser am Platz.
Gaststätte in der Nähe.
Blick auf das Meer.
Getrennte Müllentsorgung am Platz.
Sandstrand mit Stranddusche in der Nähe.
Ganzjährig zugänglich.
Wanderungen und Radtouren an der Küste.
Fahrt nach Castellón.
Keine Parkgebühr.
In der Saison durch Pkw belegt.
Ebene, befestigte Stellflächen für 10 Wohnmobile.
Etwas Schatten durch Randbäume.
In Oropesa Wohnmobil-Verbote

12500 Castellón-Hafen (Castellón) Playa del Pinar ** CA-8

Befestigter **Parkplatz** am Strand in ruhiger Lage.

Von Benicassim auf der Küstenstraße Richtung Castellón fahren. 4,6 km nach dem letzten Kreisel am Ende der Bebauung von Benecassim – 1,8 km nach dem ersten Kreisel in Castellón links Richtung Platja del Pinar abbiegen (Calle Ostronomo Francec Argu). Nach 400 m links fahren (**Paseo Maritimo**). Noch 100 m bis zum Platz zwischen Planetarium und Sportplatz links.
Koordinaten: 39° 58,81' Nord, 0° 01,37' Ost.
Koordinaten: 39° 58' 49" Nord, 0° 01' 22" Ost.

Häuser und Hafen in der Nähe. Planetarium am Platz.
Blick auf das Meer.
Sandstrand und Dünengelände am Platz.
Stranddusche und Müllbehälter am Strand.
Ganzjährig zugänglich.
Wanderungen und Radtouren an der Küste.
Stadtbesichtigung von Castellón.
Fahrt nach Sagunto.
Keine Parkgebühr.
Ebene, befestigte Stellflächen für 20 Wohnmobile.
Für Caravan verboten.
Kein Schatten.
Wohnmobilverbote an den Stränden in Oropesa.

12593 Moncofa (Castellón) Playa de Pucol*** CA-9

Großes grobsteiniges **Parkgelände** am Strand in sehr ruhiger und schöner Lage.

Von der N349 (Valencia-Castellon) Richtung Moncofa und nach 100 m links Richtung Moncofa abbiegen. Nach 500 m wird die Autobahnauffahrt der AP7 gekreuzt. Nach weiteren 800 m rechts Richtung Playas und gleich wieder rechts abbiegen. Nach weiteren 1,3 km links Richtung Playa fahren. Nach 200 m durch enge Einbahnstraße rechts abbiegen und nach weiteren 1,3 km zur Uferstraße rechts Richtung Platja fahren. Nach weiteren 1,3 km auf der Uferstraße (**Avinguda Mare Nostrum**) geradeaus zum Parkplatz fahren (100 m Schotterstraße).
Koordinaten: 39° 35,79' Nord, 0° 16,20' West.
Koordinaten: 39° 35' 48" Nord, 0° 16' 12" West.

Häuser in der Nähe.
Blick auf das Meer.
Sandstrand in der Nähe.
Stranddusche am Strand.
Angeln im Meer.
Wanderungen und Radtouren an der Küste.
Ganzjährig zugänglich.
Fahrt nach Valencia und nach Sagunt.
Fahrt nach Castellón.
Keine Parkgebühr.
Ebene grob geschotterte Stellflächen für 50 Wohnmobile.
Kein Schatten.

46520 Almardá (Valencia) Playa** CA-10

Asphaltierter **Parkplatz** am Strand in ruhiger Lage.

Von der N221 (Valencia-Sagunto) an der Ausfahrt Porto Sagunto/Ternel Richtung Puerto Sagunto abfahren und nach 300 m rechts Richtung Puerto Sagunto fahren. Nach weiteren 6,4 km im Kreisel an der Unterführung geradaus Richtung Puerto fahren. Nach 600 m im Kreisel dem Wegweiser Canet geradeaus folgen. Nach 1 km im Kreisel dem Wegweiser Platjes folgen. Nach weiteren 1,5 km links dem Wegweiser Platjes Buooc/a la mer (braunes Schild) folgen. Nach 1,1 km rechts fahren und nach 300 m im Kreisel wenden. Nach weiteren 400 m rechts dem Wegweiser Platja folgen. Nach 1,1 km an der Küste links fahren. Nach 200 m wird der Parkplatz links erreicht (**Avinguda dels Muntanyas**).
Koordinaten: 39° 41,20' Nord, 0° 12,17' West.
Koordinaten: 39° 41' 12" Nord, 0° 12' 10" West.

Häuser am Platz.
Dünengelände und Sandstrand am Platz.
Wasserstellen am Strand.
Wanderungen und Radtouren an der Küste.
Ganzjährig zugänglich.
Fahrt nach Valencia. Fahrt nach Sagunt.
Keine Parkgebühr.
Ebene, beleuchtete, asphaltierte Stellflächen für 10 Wohnmobile.
Kein Schatten.
Befestigter Ausweichparkplatz 200 m vorher links.

Traumplätze und verbotene Strände

Costa de Valencia

Tour 6

Der steinige Strand am Playa de Pucol hat viel Platz für Wohnmobile (CV-1). Wir ergänzen unsere Wasservorräte am Wasserhahn der Dusche. Das Wasser in unserem Tank benutzen wir selbstverständlich nur zum Waschen und Spülen. Mit Koch- und Trinkwasser versorgen wir uns in den Supermärkten.

Angler am Strand von El Puig

Bei El Puig beginnen wieder die schönen, langen Sandstrände. Sehenswert sind die Burgruine, das am Fuß der Burg gelegene Kartäuserkloster Virgen del Puig und die Wallfahrtskapelle San Jorge. Wir übernachten am Strand von El Puig, stehen unmittelbar auf dem steinigen Ufer am Strand, beobachten die Angler an der Mole und lassen unseren Blick über das ruhige Meer schweifen (CV-2). Nur wenige Hundert Meter südlich bietet sich ein weiterer sehr großer Parkplatz zum Übernachten an (CV-3). Nur Hundert Meter sind von der Ausfahrt Masamagrell der Autobahn zu dem großen, etwas verschmutzten Parkplatz bei Masamagrell zurückzulegen (CV-4).

Valencia, die Metropole an der südlichen Mittelmeerküste, ist am nächsten Tag unser Ziel. Die Region Valencia umfasst die Provinzen Castellón, Valencia und Alicante. Unser Navi führt uns sicher durch Valencias breite Straßen. Wir stellen unser Mobil auf dem riesigen Parkplatz an der Universität ab (CV-5), fahren mit der Metro, eine oberirdische Straßenbahn, nur fünf Stationen bis zur Ponte Fusta am Rande der Innenstadt und besichtigen die Sehenswürdigkeiten der Metropole. Unseren Rundgang beginnen wir an der Brücke „Puente de Serranos". Unter uns, im trockengelegten Flussbett, sind Sportfelder entstanden und etliche Schülermannschaften tragen Fußballspiele aus. Die massigen Tortürme „Torres de Los Serranos" passieren wir am Eingang der Stadt. Die Türme sollen 1398 auf römischen Grundmauern errichtet worden sein.

Die Stadt, von den Griechen im 2. Jahrhundert v. Chr. als Thuris gegründet, von den Römern 138 v. Chr. als Valentia neu aufgebaut, blieb zunächst im Schatten der benachbarten, alten phönizischen Siedlung Sagunto. Erst im 10. Jahrhundert gelangte die Stadt zur wirtschaftlichen Blüte und erlebte durch Handel und Wirtschaft ein goldenes Zeitalter im 15. Jahrhundert. Die zeitgenössische Stadtplanung zeigt vielfältige Gestaltung und Kreativität. Nach einer Flutkatastrophe 1957 wurde der Fluss Rio Turia nach Süden umgeleitet und das alte Flussbett in Sportanlagen, Spielplätze, einen Vergnügungspark für Kinder, Gärten und Grünanlagen umgewandelt. 1987 wurde in dem ehemaligen Flussbett die Konzerthalle Palacio de la Música errichtet.

Brunnen an der Kathedrale

Auf der Plaza de la Virgen bestaunen wir die Skulpturen eines modernen Brunnens, respektlos von vielen Tauben als Rast- und Schwatzplatz genutzt, und das Wahrzeichen Valencias, den 70 m hohen, achteckigen gotischen Glockenturm der Kathedrale neben dem Barockportal des Domes. Von der Aussichsplattform haben wir einen phantastischen **Panoramablick** über die Stadt. Das dreischiffige Kircheninnere birgt viele großartige Kunstschätze, z. B. Gemälde von Goya. Der Hochaltar mit seinen 12 Tafelbildern im Stile der Malerei Leonardo da Vincis ist leider wegen Restaurierung verhangen.

Mit dem Bau der Kathedrale wurde im Jahr 1262 begonnen, vollendet wurde sie erst im 18. Jahrhundert im barocken Stil, das Südportal blieb romanisch, das Apostelportal im Norden gotisch. Auf der anderen Seite der Kathedrale liegt der wichtigste Platz der Stadt, der Plaza de la Reina.

Der Gegensatz zu dem Getümmel in der Innenstadt ist der Botanische Garten eine Oase der Ruhe und Besinnlichkeit. Bäume, prächtige Blumen, exotische Pflanzen, tropische Gewächshäuser und fließende Gewässer bestimmen hier das Bild.

Weitere Sehenswürdigkeiten sind der Palacio del Marqués de Dos Aguas aus dem 15. Jahrhundert mit prächtiger Fassade und Portal von 1740 im Stil des Rokoko, heute Unterkunft des Museo Nacional de Cerámica, die Kuppelkirche Nuestra Senora de los Desamparados mit dem von vielen aufgesuchten Schrein der Madonna der Schutzlosen und der Palacio de la Generalidad, Sitz der Landesregierung, die im 15. Jahrhundert erbaute Handelsbörse Lonja, das Rathaus und die Stierkampfarena, ein Nachbau des römischen Kolosseum.

Wir besuchen auch den Hafen Valencias El Grao, ein pulsierendes Viertel mit mehreren Fährhäfen, einem großen Handelshafen und vielen Verladekais. Auf der Avenida Neptuno flanieren viele Menschen, stillen ihren Appetit in den Restaurants und amüsieren sich in den zahllosen Bars und Vergnügungsstätten.

Costa de Valencia

In den Besuch Valencias sollte man unbedingt die Markthallen Mercado Central einbeziehen und sich ins Getümmel der Massen stürzen, denn hier schlägt das Herz der Metropole. 1928 wurde dieser Zentralmarkt gebaut, die Eingänge mit buntem Glas und Kacheln verziert. Und wenn der Kühlschrank im Wohnmobil auch noch voll ist, hier kann niemand widerstehen einzukaufen. Vorsicht, es kann Kaufrausch ausbrechen! Berge von Früchten, traurig blickende Fische (wir erstehen für knapp 5 € Seezungenfilets), Fleisch und hier vor allem riesige ganze Schinken, die an den Ständen hängen, Käse und andere Köstlichkeiten werden angeboten. An diesen vielfältigen, farbenprächtigen essbaren Waren in ihrer Vielfalt erfreuen sich auch männliche Marktbesucher.

Die Markthalle

Schinkenparade

Valencia, die drittgrößte Stadt Spaniens, ist eine quirlige, geschäftstüchtige, lärmende Metropole mit viel Kultur, rauschenden Festen und pulsierender Lebenskraft.

Südlich der Metropole Valencia schließt sich eins der schönsten spanischen Naturschutzgebiete an, **L'Albufera**, ein fast kreisrunder Süßwassersee von sechs Kilometern Durchmesser, umgeben von einem Reisanbaugebiet. Ein Dünengürtel und eine schmale Landzunge trennen den See vom Meer. Die geschützte Zone ist ein wertvolles Rückzugsgebiet für alle Arten von Wasservögeln. Die Lagune ist nur ein bis zwei Meter tief, sie war einst viel größer, wurde aber für den Reisanbau teilweise trockengelegt. 1986 wurde das Gebiet zum Naturpark erklärt.

Strandgebiet von La Sanxa

Hier im Naturschutzgebiet dürfen wohl keine neuen Häuser mehr gebaut werden. Daher finden wir für ein Bad im Meer und für die Nacht auch wieder **Traumplätze** direkt hinter den Dünen (CV-6, CV-7, CV-8 und CV-9). Mehrere „Kollegen" haben bereits hier Quartier bezogen. Über die bewachsenen Dünen haben wir den Blick auf die Containerschiffe, die den Hafen von Valencia verlassen haben.

Bei Sueco holen sich Schwärme von Kuhreihern und Möwen ihre Mittagsmahlzeit von den mit schmalen Wasserrinnen durchzogenen, abgeernteten Reisfeldern. Über eine schmale Straße mit einigen nur einspurig befahrbaren Brücken erreichen wir den See bei El Palmar. Auf dem großen Parkplatz an den Bootsanlegestellen können wir unser Lager aufschlagen (CV-10).

An den Zäunen der Anlegestelle für Bootsexkursionen hängen Fischernetze zum Trocknen. Obwohl die Ökologie der Albufera kritisch beurteilt wird, kann der See noch etliche Fischerfamilien ernähren. Nach einer Paellapfanne für zwei Personen (die Paella wurde hier im Gebiet von Valencia einst erfunden und war ein Armeleuteessen, aus Resten zusammengestellt) besteigen wir eines der kleinen Holzboote und lassen uns durch die Schilfzonen des Sees steuern. Die Graureiher lassen sich kaum stören, die vielen Entenvögel verlassen fast senkrecht startend die Rastplätze. Hätten wir in der Biologiestunde besser aufgepasst, könnten wir sie alle beim Namen nennen. Über 200 Vogelarten sollen hier ihre Nistplätze haben. Ein Fisch wollte mit uns fahren, er sprang ins Boot. Ein Schreck, aber auch ein Erlebnis besonderer Art. Der Bootsführer hat ihn schnell wieder in sein nasses Element zurückbefördert.

Auf der anderen Seite der Landzunge liegt im Naturparadies schon wieder ein **Traumplatz** hinter den Dünen für unseren Strandurlaub (CV-11). Das haben auch schon einige Mobil-Kollegen erkannt und genießen dieses kleine **Strandparadies** schon einige Tage oder sogar Wochen. Wir können hier wieder zwischen mehreren schönen Plätzen wählen.

Südlich vom Naturschutzgebiet beginnt wieder die Zersiedelung der Strände, allerdings ist meistens nur die erste Reihe mit Häusern von geringerer Höhe bebaut. Von Albufera bis Denia gibt es die in den Reiseführern beschriebenen Traumstrände leider nur für Hoteltouristen. Für Wohnmobile gibt es keine Parkplätze, weil die Hotels und Ferienappartments in mehreren Reihen bis zum Strand gebaut wurden und noch gebaut werden. Deutsche Firmen verdienen mit an diesem Bauboom, denn viele Kräne tragen Namen Deutscher Baufirmen.

An der Costa de Valencia

Bekannt als nicht besonders wohnmobilfreundlich ist Denia. Der große Parkplatz am Hafen und die Mole würden sich zwar als Nachtquartier anbieten. Aber die Polizei soll hier schon oft Schlafende geweckt haben. Bisher gab es nur einen sehr kleinen Stellplatz an einer Finca (**CV-13**). Jetzt wurde aber außerhalb der Stadt ein großer privater Stellplatz mit allen notwendigen Einrichtungen eröffnet (**CV-12**).

Wir erklimmen auf kurviger Strecke das „Cabo de San Antonio“ – Kurven fahren wir ja oft auf dieser Tour – und werden mit einer grandiosen Aussicht belohnt. Die zwei Parkplätze in sehr einsamer Lage haben zwar etwas schräge Stellflächen, eignen sich deshalb nicht unbedingt für eine Übernachtung. Zwei große, private Stellplätze mit Ver- und Entsorgungsanlagen, mit Stromanschlüssen und Sanitäranlagen laden in Altea und L'Alfas zum Bleiben ein (**CV-14** und **CV-15**).

In Gata gibt es Keramik und Korbwaren. Trotz Sonntag sind alle Geschäfte geöffnet – aber auch alle Parkplätze mit Pkws vollgestopft. Es gibt also keine Souvenirs für unsere Lieben.

Benidorm, Spaniens Manhatten, und Alicante umfahren wir auf der A 70, sehen zum Teil markante Felsen, nicht nur den Ifach von Calpe, teils aber auch Hügel mit nur kargem Bewuchs, „Garigues“, Gräser, Klein- und Halbsträucher. Die Costa Blanca beginnt hier an der Küste der Provinz Alicante.

Tour 6
An der Costa de Valencia

Tour 6: **An der Costa de Valencia**

Nr.	Ort, Bezeichnung	Stell-plätze A	Gast-haus	Häu-ser	WC	Bad See	Orts-nähe B	Ent-sorg.	Park-dauer C	Park-gebühr D
CV-1	Pucol, Playa de Pucol ***	50	-	+	-	+	x	-	1	0
CV-2	El Puig, Platja El Puig Nord ***	20	+	+	-	+	x	-	1	0
CV-3	El Puig, Platja El Puig Süd **	30	-	+	-	+	x	-	1	0
CV-4	Masamagrell, Platja *	20	-	-	-	+	x	-	1	0
CV-5	Valencia, Universitat **	20	+	+	-	-	20	-	1	0
CV-6	El Saler, Platjes El Saler Nord ***	20	+	-	+	+	x	-	1	0
CV-7	El Saler, Platges El Saler Süd ***	20	+	-	-	+	6	-	1	0
CV-8	Gola De Pujol, Playa Nord ****	50	-	+	-	+	x	-	1	0
CV-9	Gola De Pujol, Playa Süd ***	30	-	+	-	+	x	-	1	0
CV-10	El Palmar, Albufeira **	10	+	+	-	-	4	-	1	0
CV-11	La Sanxa, Playa de la Dehesa ****	50	-	-	-	+	x	-	1	0
CV-12	**Denia, Odissea Camper Area ** **	**50**	**-**	**+**	**-**	**+**	**x**	**+**	**T**	**10**
CV-13	**Denia, Finca ** **	**2**	**-**	**+**	**+**	**-**	**x**	**+**	**U**	**13**
CV-14	**Altea-L'Albir, Los Limbos ** **	**40**	**+**	**+**	**+**	**-**	**x**	**+**	**T**	**6**
CV-15	**L'Alfas del Pi, Costa Blanca ** **	**40**	**-**	**+**	**+**	**-**	**x**	**+**	**3**	**12**

Legende

**** sehr ruhige und sehr schöne Lage.
*** sehr ruhige und schöne Lage.
** ruhige und gute Lage.
* keine ruhige Lage.
A Stellplätze gestaffelt nach 3, 5, 10, 20, 30, 50 Wohnmobilen. Dabei wird angenommen, dass nur die Hälfte des Platzes zur Verfügung steht und die andere Hälfte durch Pkws belegt ist.
B Fußweg in Minuten, x über 15 min Fußweg.
C Aufenthaltsdauer in Tagen.
D Stellplatzgebühr in Euro pro Wohnmobil und 24 Stunden oder Parkgebühr.
P Parkgebühr in der Saison.
T Aufenthaltsdauer einige Tage.
U Aufenthaltsdauer unbegrenzt.
fett Wohnmobil-Stellplatz
(gelb) Parkplatz (grün) Wohnmobil Stellplatz

46530 Pucol (Valencia) Playa de Pucol*** CV-1

Großes grobsteiniges **Parkgelände** am Strand in sehr ruhiger und schöner Lage.

Von der AV-21 (Valencia-Pucol) an der Ausfahrt Pucol (2) abfahren. Nach 200 m links Richtung Playa fahren und nach 2,4 km im Kreisel rechts abbiegen. Nach 1,1 km links und gleich wieder rechts über die Brücke fahren (Schotterstraße). Noch 200 m bis zum Parkplatz links.
Koordinaten: 39° 33,30' Nord, 0° 17,81' West.
Koordinaten: 39° 33' 18" Nord, 0° 17' 49" West.

Häuser in der Nähe.
Blick auf das Meer.
Fußduschen am Strand.
Sandstrand am Platz.
Betonpyramiden am Strand.
Angeln im Meer.
Wanderungen und Radtouren an der Küste.
Ganzjährig zugänglich.
Fahrt nach Valencia. Fahrt nach Sagunt.
Keine Parkgebühr.
Ebene grobe steinige Stellflächen für 50 Wohnmobile.
Kein Schatten.

46540 El Puig (Valencia) Platja El Puig Nord*** CV-2

Parkplatz und Parkgelände am Strand in sehr ruhiger und schöner Lage.

Von der N221 (Valencia-Pucol) an der Ausfahrt El Puig (5) abfahren und Richtung Platja fahren. Nach 1,9 km im Kreisel links fahren (kein Wegweiser) und nach 300 m rechts abbiegen. Noch 100 m bis zu den Parkplätzen rechts und links und 200 m bis zu dem Parkgelände am Strand.
Koordinaten: 39° 35,00' Nord, 0° 16,46' West.
Koordinaten: 39° 35' 00" Nord, 0° 16' 28" West.

Gaststätte in der Nähe.
Häuser am Platz.
Blick auf das Meer.
Sand- und Kiesstrand am Platz.
Fußduschen/Wasserstellen am Platz.
Angeln im Meer.
Ganzjährig zugänglich.
Verbot für Fahrzeuge über 6 t.
Fahrt nach Valencia.
Fahrt nach Sagunt.
Keine Parkgebühr.
Ebene, unbefestige und befestigte Stellflächen für 20 Wohnmobile.
Kein Schatten.

46540 El Puig (Valencia) Platja El Puig Süd** CV-3

Parkplatz in der Nähe des Strandes in sehr ruhiger Lage.

Von der N221 (Valencia-Pucol) an der Ausfahrt El Puig (5) abfahren und Richtung Platja fahren. Nach 1,9 km im Kreisel rechts dem Wegweiser Farmacia folgen. Noch 900 m bis zu den Parkplätzen rechts und links.
Koordinaten: 39° 35,03' Nord, 0° 16,36' West.
Koordinaten: 39° 35' 02" Nord, 0° 16' 22" West.

Häuser am Platz.
Blick auf das Meer.
Sand- und Kiesstrand am Platz.
Fußduschen/Wasserstellen am Strand.
Promenade am Platz.
Angeln im Meer.
Ganzjährig zugänglich.
Verbot für Fahrzeuge über 6 t.
Fahrt nach Valencia.
Fahrt nach Sagunt.
Keine Parkgebühr.
Ebene, unbefestige Stellflächen für 30 Wohnmobile.
Kein Schatten.

46540 Masamagrell (Valencia) Playa* CV-4

Parkgelände am Strand.

Von der N221 (Valencia-Pucol) an der Ausfahrt Masamagrell (9) abfahren. Nach 300 m im Kreisel rechts Richtung Platja fahren. Noch 100 m bis zum Parkgelände zwischen Autobahn und Strand.
Koordinaten: 39° 33,04' Nord, 0° 17,75' West.
Koordinaten: 39° 33' 02" Nord, 0° 17' 45" West.

Autobahn in der Nähe.
Blick auf das Meer.
Sand- und Kiesstrand am Platz.
Angeln im Meer.
Ganzjährig zugänglich.
Fahrt nach Valencia.
Fahrt nach Sagunt.
Keine Parkgebühr.
Unebene, holprige Stellflächen für 20 Wohnmobile.
Wenig Schatten durch einzelne Bäume.

46000 Valencia (Valencia) Universitat Valencia** CV-5

Großes asphaltiertes **Parkgelände** in der Nähe der Universität in ruhiger Lage.

Von der Schnellstraße N221 Richtung Valencia fahren und fast am Ende der Schnellstraße Richtung Universitat/Politecnica abbiegen (Avenida de Los Neranjos). Nach 400 m rechts abbiegen (Ramón Llull). Noch 100 m bis zur Einfahrt.
Koordinaten: 39° 28,75' Nord, 0° 20,83' West.
Koordinaten: 39° 28' 45" Nord, 0° 20' 50" West.

Häuser und Universität in der Nähe.
Metro-Haltestelle La Carrasca in der Nähe (Straßenbahn).
Fahrt mit der Linie 4 zur Innenstadt.
Haltestelle Pont de Fusta, 5 Stationen. Gebühr 1,20 €.
Besichtigung von Valencia: Kathedrale, Llotja (Börse), Mercado Central, Torre de Serrans, Palau de Generalitat, Rathaus, Santos Juanes, Jardin Botanico, Parque Oceanografico, Museu Nacional de Ceràmica, Museu Faller, Museu de les Ciències Museu L'Hemisfèric.
Ganzjährig zugänglich.
Fahrt nach Sagunto.
Ausflug zum Naturpark L'Albufeira.
Keine Parkgebühr.
Ebene, asphaltierte Stellflächen für 20 Wohnmobile.
Kein Schatten.

46012 El Saler (Valencia) Platges Nord*** CV-6

Parkplätze am Strand in sehr ruhiger und sehr schöner Lage.

Von Valencia nach Süden zur Küstenstraße (CV-500) Richtung El Saler fahren (brauner Wegweiser). Kurz vor dem Ende der Schnellstraße rechts Richtung El Saler abbiegen und nach 1 km im Kreisel geradeaus dem Wegweiser Platges El Saler folgen. Noch 400 m bis zum Platz links und rechts (schmale Straße).
Koordinaten: 39° 23,25' Nord, 0° 19,66' West.
Koordinaten: 39° 23' 15" Nord, 0° 19' 40" West.

Häuser in der Nähe.
Stranddusсhen und Müllbehälter am Strand.
Wasserentnahmestellen am Platz.
Feiner Sandstrand und Dünengelände an den Plätzen.
Wanderungen und Radtouren im Parque Natural de la Albufera.
Rundfahrten auf dem See Albufera von El Palmar.
Ganzjährig zugänglich.
Fahrt nach Valencia.
Keine Parkgebühr.
Ebene, asphaltierte Stellflächen für 30 Wohnmobile.
Rechter Parkplatz nur für kleine Wohnmobile (flache Balken als Begrenzung der Stellflächen).
Linker Parkplatz am Sportgelände für große Mobile.
Kein Schatten.

46012 El Saler (Valencia) Platges Süd *** CV-7

Parkplätze am Strand in sehr ruhiger und schöner Lage.

Von Valencia nach Süden zur Küstenstraße (CV-500) Richtung El Saler fahren (brauner Wegweiser). Kurz vor dem Ende der Schnellstraße rechts Richtung El Saler abbiegen und nach 1 km im Kreisel rechts fahren und nach 500 m links abbiegen. Noch 700 m bis zum Platz rechts.
Koordinaten: 39° 22,80' Nord, 0° 19,47' Ost.
Koordinaten: 39° 22' 48" Nord, 0° 19' 28" Ost.

Häuser in der Nähe.
Strandduschen in der Nähe.
Wasserentnahmestellen am Platz.
Müllbehälter am Strand.
Feiner Sandstrand und Dünengelände an den Plätzen.
Wanderungen und Radtouren im Parque Natural de la Albufera.
Rundfahrten auf dem See Albufera von El Palmar.
Ganzjährig zugänglich.
Fahrt nach Valencia.
Keine Parkgebühr.
Ebene, asphaltierte Stellflächen für 30 Wohnmobile.
Parkplatz nur für mittlere Wohnmobile (flache Balken als Begrenzung der Stellflächen).
Kein Schatten.

46012 Gola De Pujol (Valencia) Playa de la Dehesa Nord **** CV-8

Mehrere größere **Parkplätze** auf 1 km Länge am Strand in sehr ruhiger und sehr schöner Lage.

Von der Straße El Perello-Valencia 1,6 km nördlich der Abzweigung nach El Palmar rechts Richtung Playa de la Dehesa abbiegen. Nach 400 m links fahren und nach weiteren 500 m rechts Richtung Hostel/Playa abbiegen. Nach 200 m links fahren und nach weiteren 300 m rechts zu den Parkplätzen abbiegen. Noch 100 m.
Koordinaten: 39° 21,80' Nord, 0° 19,11' West.
Koordinaten: 39° 21' 47" Nord, 0° 19' 06" West.

Häuser in der Nähe.
Blick auf das Meer.
Strandduschen und Müllbehälter am Strand.
Feiner Sandstrand und Dünengelände an den Plätzen.
Wanderungen und Radtouren im Parque Natural de la Albufera.
Rundfahrten auf dem See Albufera von El Palmar.
Ganzjährig zugänglich.
Fahrt nach Valencia.
Keine Parkgebühr.
Ebene betonierte und befestigte Stellflächen für 50 Wohnmobile.
Kein Schatten.

46012 Gola De Pujol (Valencia) Playa de la Dehesa Süd **** CV-9

Mehrere größere **Parkplätze** auf 500 m Länge am Strand in sehr ruhiger und schöner Lage.

Von der Straße El Perello-Valencia 1,6 km nördlich der Abzweigung nach El Palmar rechts Richtung Playa/Hostel abbiegen. Nach 400 m links fahren und nach weiteren 500 m rechts Richtung Hostel/Playa abbiegen. Nach 200 m rechts fahren und nach weiteren 500 m links zu den Parkplätzen abbiegen. Noch 100 m.
Koordinaten: 39° 21,5' Nord, 0° 19,1' West.
Koordinaten: 39° 21' 30" Nord, 0° 19' 07" West.

Häuser in der Nähe.
Blick auf das Meer.
Stranddusche und Müllbehälter am Strand.
Feiner Sandstrand und Dünengelände an den Plätzen.
Wanderungen und Radtouren
im Parque Natural de la Albufera.
Rundfahrten auf dem See Albufera von El Palmar.
Ganzjährig zugänglich.
Fahrt nach Valencia.
Keine Parkgebühr.
Ebene befestigte Stellflächen
für 30 Wohnmobile.
Kein Schatten.

46012 El Palmar (Valencia) Albufera ** CV-10

Großer **Parkplatz** am See und am Ortsrand in ruhiger Lage.

Von der Straße El Perello-Valencia 4 km nördlich des letzten Kreisels in El Perello Richtung El Palmar abbiegen. Noch 2,9 km bis zum Platz rechts.
Koordinaten: 39° 18,90' Nord, 0° 19,11' West.
Koordinaten: 39° 18' 55" Nord, 0° 19' 06" West.

Gaststätten am Platz.
Häuser am Platz.
Müllbehälter am Platz.
Bootsvermietung mit Bootsführer am Platz.
20 Euro pro Boot und 40 Minuten Bootsfahrt.
Rundfahrten durch das Naturschutzgebiet Albufera.
Ganzjährig zugänglich.
Wanderungen und Radtouren
im Parque Natural de la Albufera.
Fahrt nach Valencia.
Keine Parkgebühr.
Ebene befestigte Stellflächen
für 10 Wohnmobile.
Kein Schatten.

Am Ufer von Albufera

46012 La Sanxa (Valencia) Playa de la Dehesa**** CV-11

Mehrere **Parkplätze** auf 1 km Länge am Strand in sehr ruhiger und sehr schöner Lage.

Von Cullera Richtung Valencia/El Saler fahren (Küstenstraße). 1 km nach der Abzweigung El Palmar rechts Richtung La Sanxa abbiegen. Nach 600 m links und nach weiteren 100 m rechts fahren. Noch 500 m bis zum ersten Parkplatz rechts.
Koordinaten: 39° 20,73' Nord, 0° 18,64' West.
Koordinaten: 39° 20' 44" Nord, 0° 18' 38" West.

Müllbehälter und Wasserzapfstellen am Platz.
Breiter Sandstrand und Dünen am Platz.
Stranddusche am Platz.
Angeln im Meer.
Ganzjährig zugänglich.
Wohnmobile oft anzutreffen.
Wanderungen und Radtouren im Parque Natural de la Albufera.
Fahrt nach Valencia.
Ausflug zum See Albufera.
Bootsfahrt von El Palmar.
Keine Parkgebühr.
Ebene, befestige Stellflächen für 50 Wohnmobile.
Kein Schatten.

37000 Denia (Valencia) Odissea Camper Area** CV-12

Wohnmobil- und Caravanplatz in Strandnähe in ruhiger Lage.

Von der Nationalstraße 332 an der Ausfahrt Denia abbiegen und auf der CV-730 Richtung Denia fahren. Noch 500 m bis zum Platz rechts **(Riu Vernissa)**. 10 km nördlich von Denia.
Koordinaten: 38° 52,22' Nord, 0° 01,08' West.
Koordinaten: 38° 52' 13" Nord, 0° 01' 05" West.

Geschäfte und Supermarkt in der Nähe (15 Minuten).
Müllbehälter am Platz.
Ver- und Entsorgung am Platz.
Stromanschlüsse vorhanden (6 A).
WC und Dusche am Platz. Gebühr 1 €.
Waschmaschine und Trockner am Platz. Gebühr 3 €.
Bushaltestelle am Platz.
Sandstrand in der Nähe (100 m).
Ganzjährig zugänglich.
Wanderungen und Radtouren an der Küste.
Fahrt nach Denia.
Ausflug zum See Albufera. Bootsfahrt von El Palmar.
Parkgebühr: 10 € für 24 Std. einschl. Wasser und Strom.
Befestigte Stellflächen für 48 Mobile oder Caravan.
Wenig Schatten.
Informationen: Tel.+34 6 72 29 38 52.

37000 Denia (Valencia) Finca CV-13

Zwei kleine **Mobilplätze** an einer Finca in ruhiger und schöner Lage.

Bei Anreise aus dem Norden auf der Küstenstraße Richtung Denia fahren und bei km 7,0 rechts abbiegen. Nach 400 m am Ende der Straße rechts fahren. Noch 400 m bis zur Einfahrt rechts (**Cami Vell de Gandia 18**). Bei Anfahrt von Denia auf der Küstenstraße bis km 7,0 fahren und links abbiegen. Dann wie oben.
Koordinaten: 38° 55,33' Nord, 0° 07,60' Ost.
Koordinaten: 38° 55' 20" Nord, 0° 07' 36" Ost.

Wasserver- und Entsorgung möglich.
WC, Außenbad und warme Dusche am Platz.
Stromanschluss (6 A) vorhanden.
Oktober bis Anfang Mai zugänglich.
Aufenthaltsdauer nicht begrenzt.
Mindestaufenthalt 3 Tage. Rabatt ab 8 Tage.
Anmeldung erforderlich. Oft belegt.
Strand in 600 m Entfernung.
Wanderungen und Radtouren.
Fahrt nach Denia und Oliva.
Parkgebühr 12,50 € inkl. Strom, Dusche und WC.
Ebene, feste Stellflächen
für 2 kleine Mobile oder Caravan.
Für große Wohnmobile nicht geeignet.
Etwas Schatten.
Informationen: Tel. +34 / 96 6 47 49 53.

03581 Altea-L'Albir (Alicante) Los Limbos ** CV-14

Wohnmobilpark in Küstennähe in ruhiger und schöner Lage.

Von der Ausfahrt Benidorm (65a) der Autobahn AP7 Richtung Altea fahren und nach 4 km zur Küste abbiegen. Noch 500 m bis zum Platz (**Sendero de la Barrina**).
Koordinaten: 38° 33,73' Nord, 0° 05,17' Ost.
Koordinaten: 38° 33' 44" Nord, 0° 05' 10" Ost.

Cafeteria am Platz. Häuser und Geschäfte in der Nähe.
Brötchenservice und Aufenthaltsraum.
Ver- und Entsorgung am Platz (Bodeneinlass).
Stromversorgung vorhanden. Gebühr 2 €.
WC, Dusche (1 €) und Müllbehälter am Platz.
Waschmaschine, Trockner und Aufenthaltsraum.
Ganzjährig zugänglich. Strand in 2 km Entfernung.
Besichtigung von Altea (4 km).
Fahrt nach Benidorm (5 km). Fahrt nach Denia.
Parkgebühr: 9 € für 24 Stunden.
Ebene und leicht schräge Stellflächen für 40 Mobile.
Kein Schatten.
Informationen: Tel. +34 9 66 86 84 70.
www.camperparkloslimbos.com.

An der Küste

03580 L'Alfas del Pi (Alicante) Costa Blanca** CV-15

Wohnmobilpark in ruhiger und guter Lage.

Von der Ausfahrt Benidorm (65a) der Autobahn AP7 Richtung Altea fahren (N332) und nach 3 km Richtung L'Alfas abbiegen. Nach 200 m rechts abbiegen (Camino de Serrado) und nach 200 m links abbiegen (Camino dels Alguers). Noch 500 m bis zum RV Park Costa Blanca (**Camino del Alguers 79**).
Koordinaten: 38° 35,03' Nord, 0° 04,88' Ost.
Koordinaten: 38° 35' 02" Nord, 0° 04' 53" Ost.

Häuser und Geschäfte in der Nähe.
Brötchenservice.
Ver- und Entsorgung am Platz.
Stromversorgung vorhanden (6 A).
WC und Dusche am Platz. Gebühr 1 €.
Müllbehälter am Platz.
Ganzjährig zugänglich. Aufenthaltsdauer 3 Nächte.
Besichtigung von Altea (6 km).
Fahrt nach Benidorm (4 km).
Fahrt nach Denia.
Parkgebühr: 12 € für 24 Stunden
einschl. Ver- und Entsorgung und Strom.
Ebene, befestigte Stellflächen für 40 Mobile.
Länge bis 8 m.
Kein Schatten.
Informationen: Tel. +34 9 66 86 86 68.

In der Markthalle von Valencia

Weiße Strände und weiße Häuser

Costa Blanca

Tour 7

Der Massentourismus hat fast den ganzen Küstenabschnitt der Costa Blanca erobert, Benidorm könnte man auch als Manhatten Spaniens bezeichnen. Überall an der Küste sind Hochhauskolonien, ausgedehnte Ferienanlagen, alle Arten von Freizeitanlagen, Golfplätze, Marinas, Gaststätten, Bars und Vergnügungsstätten aus dem Boden geschossen. Hier tummeln sich Millionen Ausländer an den Stränden, auf und im Wasser und in den Gastronomie- und Spaßbetrieben. Schwierig ist es, in den endlosen Bebauungszonen einen geeigneten Platz für die Nacht im Wohnmobil zu finden.

Am Platja del Pinet

Vom Trubel unberührt sind nur noch die Lagunen und Salinen bei Santa Pola und Torrevieja. Zwischen diesen beiden Gebieten entdecken wir schöne, naturbelassene oder geschotterte Parkplätze am Strand.

Alicante ist die Hauptstadt der Provinz und der Küste Costa Blanca. In der Altstadt Santa Cruz ist vom ausufernden Tourismus wenig zu spüren. Hier plaudern die Einheimischen auf der Straße miteinander, Wäsche hängt zwischen den Häusern, Katzen und Hunde liegen in den Gassen. Zu den Sehenswürdigkeiten der Stadt zählen die Kathedrale San Nicolás de Bari aus dem 17. Jahrhundert, die gotische Kirche Santa Maria, erbaut im 14. Jahrhundert, das barocke Rathaus und die auf einem Felsplateau gelegene Festung **Castillo de Santa Barbara**. Eine schöne Promenade Esplanada de Espana begleitet den Yachthafen und das Meer auf einer Länge von 600 Metern. Von der Terrasse des Burgberges hat man einen **Panoramablick** über die Bucht bis zur Isla de Tabarca.

Südlich von Alicante erstrecken sich lange Sandstrände. In El Altet kann man am Strand ruhig übernachten (CB-1). Wir fahren südwärts zu unseren schönen Schlafplätzen nach La Marina und erblicken zwischen **Santa Pola** und La Marina Berge aus aufgeschüttetem Salz und beobachten Möven-, Kuhreiher- und Flamingokolonien, die die Lagunen bevölkern. Mit der Salzgewinnung wurde schon im 13. Jahrhundert begonnen. Die Lagunen und Feuchtgebiete stehen heute unter Naturschutz. Hoffentlich wird diese großartige, mehrere Kilometer lange Salzseenlandschaft, Rastgebiet für Zugvögel, nicht bald mit Urlaubshäusern auf Stelzen zubetoniert!

Unser Ziel ist **Elche**. Europas größten **Palmenwald** soll es in Elche geben. Auf der Fahrt erfreuen uns die vielen Obst- und Palmenplantagen, das viele Grün. Rings um Elche bilden die exotischen Dattelpalmen einen Ring. Doch den berühmten Palmenwald sehen wir nur vom Wohnmobil aus im Vorbeifahren. Zu dem Palmengürtel gehört auch der Stadtpark und der Garten des Kaplans, Huerto del Cura, ein Park mit Palmen, Kakteen und anderen subtropischen Bäumen und Pflanzen. Es ist genau wie bei Frankfurts Palmengarten, für große Fahrzeuge gibt es keine Parkmöglichkeit. In der Nähe von Pucol kann man auf einem privaten Stellplatz in einer Palmenplantage das Wohnmobil abstellen (**CB-2**).

Zu den Sehenswürdigkeiten von Elche zählen die **Basilica Santa Maria** aus dem 17. Jahrhundert, das gotische Rathaus mit dem Rathausturm Torre del Consejo, das Stadttor Torre de Calahorra aus dem 14. Jahrhundert, die Zitadelle Alcázar de la Senyoria und das Kloster der Klarissinnen Convento de la Merced. Das in der Zitadelle untergebrachte Archäologische Museum zeigt Funde aus der Bronzezeit sowie aus der römischen und maurischen Periode.

Wir resignieren wegen der fehlenden Parkplätze, fahren zurück und machen uns eine andere Freude, kaufen uns schöne Kakteen und Keramiktöpfe für unseren Wintergarten. Die in Elche in der römischen Stadt gefundene berühmte Kalksteinbüste der „Dame d'Elx", eine Göttin oder eine hohe Priesterin aus dem 5. Jahrhundert v. Chr., sehen wir in dieser Region überall als Kopie in Souvenierläden und Gartencentern.

In La Marina können wir unseren Standort zwischen vier ruhig und schön gelegenen Plätzen auswählen (CB-3, CB-4, CB-5 und **CB-6**). Wir bleiben am ersten Tag am Strand der Bucht, essen in dem vorzüglichen Restaurant des Hotels, füllen unsere Wasservorräte an der Fußdusche auf und wechseln am zweiten Tag zu dem großen Platz im Süden, ein **Strandparadies**.

In Guadamar del Segura sind die schönen, unberührten Dünen am feinen, goldenen Sandstrand und der grüne Gürtel des Parque de Alonso XIII. die Attraktionen. Auch die „Dame de Guadamar", eine iberische Kalksteinbüste aus dem 4. Jahrhundert v. Chr., zählt zu den Besonderheiten in Guadamar.

Der Parkplatz zwischen Park und Dünen ist leider für Wohnmobile nicht mehr zugänglich. Nur ein kurzer Fußweg trennt diesen schönen Platz von dem **Traumstrand**. Wir wundern uns, eini-

Kathedrale von Valencia

ge Wohnmobile stehen am Ende der Stichstraße. Bald kennen wir den Grund, es ist das Verbotsschild auf dem früher zugänglichen schönen Stellpatz. Bei Feinschmeckern sind die Langusten aus Guadamar und die Aale aus der Flussmündung des Rio Segura sehr begehrt. Eine besondere Köstlickeit sind die Noras de Guadamar del Segura, kleine, kugelige, rote Paprikaschoten, angebaut an den Ufern des Rio Segura. Die in kleinen, abgedeckten Rinnen langsam und gleichmäßig getrockneten Schoten besitzen ein treffliches Aroma und einen delikaten Geschmack. Noras werden gern zu Meeresfrüchten und Fischgerichten gegessen.

Wir fahren an den Salinen und Lagunen von Torrevieja vorbei. Hier gewinnt man schon seit dem 12. Jahrhundert das Salz und verschiffte es vom Hafen in alle Welt. Zwei Museen in der Touristenhochburg Torrevieja geben darüber Auskunft. Die Strände sind heute mit Hotelanlagen und Feriensiedlungen verbaut.

Im Süden reihen sich wieder dichte Bebauungsgebiete aneinander. Trotzdem finden wir an den Stränden zwei gute und große Plätze in Dehesa de Campoamor und in Torre de la Horadada für eine Übernachtung (CB-7 und CB-8). Hier gibt es wieder Entnahmestellen für Wasser.

In San Pedro del Pinar soll man sich an der Lagune Mar Menor mit Schlamm bestreichen und Heilung von allerlei Leiden finden. Die wenigen Straßenparkplätze am Ende der Bebauung sind aber schon an „Kollegen“ vergeben. Wir müssen weiter. Uns entschädigt der Blick auf die malerische alte weiße Windmühle. Im Naturpark Salinas y Arenales de San Pedro del Pinatar sind viele Vogelarten zu beobachten. Am Ende der Straße gelangen wir zu dem Parkplatz am Mittelmeerstrand (CB-9) und schließlich zum Parkplatz am Hafen (CB-10).

„Caravaning La Manga“ auf unserem Weg zum Mar Menor als Stellplatz empfohlen, entpuppt sich als Asphaltparkfläche vor einem Campingplatz neben der Schnellstraße (**CB-11**). 24 Stunden darf man hier kostenfrei stehen. Der Campingplatz ist zwar sehr schön, vor allem wenn jemand das Glück haben sollte, einen Stellplatz am Wasser zu bekommen, aber diese nackte Asphaltfläche mit dem ständigen Verkehrslärm ist nichts für uns.

Das **Mar Menor**, fast ein flacher Binnensee, ist vom Mittelmeer durch eine 20 Kilometer lange und 500 Meter breite Landzunge abgetrennt, verbunden mit dem Salzwasser nur durch einige künstliche Durchstiche. Das heilsam wirkende Wasser und der wertvolle Schlamm des Mar Menor locken im Jahresverlauf viele Urlauber an.

Auf dem Damm zwischen Meer und Mar Menor sind beide Uferseiten an der Gran Via, der Hauptstraße, dicht bebaut. Überall drängen sich Hochhäuser, Hotels, Ferienanlagen, Vergnügungsstätten, Restaurants aller Klassen und Bars. Wir sind enttäuscht, denn nur gelegentlich erblicken wir Meer oder See durch die mehrfachen Häuserreihen. 16 km fahren wir auf dem Damm, bis wir einen Platz am Wasser für unsere Mittagspause gefunden haben (CB-12). Dann wenden wir und fahren zurück zu unserem Schlafplatz in Torre de la Horadada so rechtzeitig, dass wir noch ein Bad im Meer nehmen können. Später erfahren wir, dass es auch eine offizielle Übernachtungsmöglichkeit in Carthagena gibt (**CB-13**).

Am Mar Menor

Tour 7
An der Costa Blanca

Tour 7: **An der Costa Blanca**

Nr.	Ort, Bezeichnung	Stell-plätze A	Gast-haus	Häu-ser	WC	Bad See	Orts-nähe B	Ent-sorg.	Park-dauer C	Park-gebühr D
CB-1	El Altet, Playa D'Altet **	10	-	-	-	+	x	-	1	0
CB-2	**Elche, MH Vicky *** **	**5**	**-**	**+**	**+**	**+**	**x**	**+**	**T**	**6**
CB-3	La Marina, Bucht ***	5	+	+	-	+	x	-	1	0
CB-4	La Marina, Patja Nord **	5	+	+	-	+	x	-	1	0
CB-5	La Marina, Platja Süd ****	50	-	+	-	+	x	-	1	0
CB-6	**La Marina, Elche La Marina ****	**20**	**-**	**+**	**-**	**-**	**x**	**+**	**U**	**10**
CB-7	Campoamor, Playa La Glea ***	10	-	+	-	+	x	-	1	0
CB-8	Torre de la Horadada, Playa ***	10	-	+	-	+	x	-	1	0
CB-9	San Pedro, Playa Mediteraneum **	5	-	+	-	+	x	-	1	0
CB-10	San Pedro, Puerto **	5	-	+	-	+	x	-	1	0
CB-11	**La Manga, Camping La Manga ***	**5**	**-**	**-**	**-**	**-**	**x**	**-**	**1**	**0**
CB-12	La Manga, Playa Esculls **	5	+	+	-	-	15	-	1	0
CB-13	**Carthagena, Belmonte plus ***	**10**	**+**	**+**	**-**	**-**	**x**	**+**	**1**	**10**

Legende

**** sehr ruhige und sehr schöne Lage.
*** sehr ruhige und schöne Lage.
** ruhige und gute Lage.
* keine ruhige Lage.
A Stellplätze gestaffelt nach 3, 5, 10, 20, 30, 50 Wohnmobilen. Dabei wird angenommen, dass nur die Hälfte des Platzes zur Verfügung steht und die andere Hälfte durch Pkws belegt ist.
B Fußweg in Minuten, x über 15 min Fußweg.
C Aufenthaltsdauer in Tagen.
D Stellplatzgebühr in Euro pro Wohnmobil und 24 Stunden oder Parkgebühr.
P Parkgebühr in der Saison.
T Aufenthaltsdauer einige Tage.
U Aufenthaltsdauer unbegrenzt.
fett Wohnmobil-Stellplatz
Parkplatz Wohnmobil-Stellplatz

Markthalle in Valencia

03195 El Altet (Alicante) Playa D'Altet** CB-1

Parkgelände in der Nähe des Strandes in ruhiger Lage.

Von der N332 6 km nördlich von Santa Pola rechts Richtung Los Arenales/El Altet abfahren und nach 1,7 km – 100 m nach dem Ortsanfang El Altet – rechts Richtung Playas abbiegen. Nach 600 m im Kreisel rechts dem Wegweiser Platges Els Arenal del Sol folgen. Nach weiteren 900 m geradeaus Richtung Platges D'Altet fahren. Noch 200 m bis zum Platz links.
Koordinaten: 38° 16,11' Nord, 0° 31,40' West.
Koordinaten: 38° 16' 07" Nord, 0° 31' 24" West.

Einsame Lage.
Feiner, breiter Sandstrand in der Nähe (200 m).
Spielplatz am Strand.
Fußdusche am Strand. Müllcontainer am Platz.
Ganzjährig zugänglich.
Fahrt nach Alicante und Elche.
Keine Parkgebühr.
Ebene und leicht schräge, feste natürliche Stellflächen für 10 Wohnmobile.
Für Caravan verboten.
Kein Schatten.
Parkplatz unmittelbar am Strand zu klein und schräg.
Zufahrt zum Strand Els Arsenals del Sol nur für Fahrzeuge unter 12 m Länge.

03200 Elche-Pusol (Alicante) MH Vicky*** CB-2

Wohnmobilparkplatz außerhalb der Stadt in Palmenplantagen in ruhiger und schöner Lage.

Von der Ausfahrt Crevillente (76) der A7 Richtung Pusol fahren. Nach 6 km in Pusol den weißen Wegweisern Vicky MH folgen bis **Partida de Elche Pusol** 153 am Ende einer Sackgasse.
Koordinaten: 38° 11,82' Nord, 0° 43,86' West.
Koordinaten: 38° 11' 49" Nord, 0° 43' 52" West.

Häuser in der Nähe. Schwimmbad am Platz.
Ver- und Entsorgung und Müllbehälter am Platz. Wasser Gebühr 2 €.
Stromanschluss möglich. Gebühr 2 €.
WC und Dusche (Gebühr 2 €) am Platz.
Waschmaschine am Platz.
Fahrrad- und Pkw-Verleih am Platz. Bäckerservice.
Ganzjährig zugänglich.
Besichtigung von Elche: Festung La Calaforra, Basilica de Santa Maria, Casa de la Villa.
Besuch des Museo Arqueolòic Municipal.
Wanderungen und Radfahren im Naturpark El Hondo.
Fahrt nach Alicante.
Parkgebühr: 6 € für 24 Std. inkl. Entsorgung.
Ebene befestigte Stellflächen für 5 Wohnmobile.
Keine sehr großen Mobile. Wenig Schatten.
Informationen: Tel. +34 6 63 94 98 08.

03170 La Marina (Alicante) Platja del Pinet Bucht*** CB-3

Kleines **Parkgelände** am Strand in sehr ruhiger und schöner Lage.

Bei Anfahrt von Carthagena (N332) durch La Marina fahren und 800 m nach dem Ortsende La Marina rechts Richtung Platja del Pinet abbiegen. Nach weiteren 1,2 km werden links vom Hotel Galicia die kleinen Parkflächen am Strand erreicht.
Koordinaten: 38° 09,29' Nord, 0° 37,60' West.
Koordinaten: 38° 09' 19" Nord, 0° 37' 34" West.

Hotel und Restaurant am Platz. Häuser am Platz.
Feiner Sandstrand am Platz. Lagunen in der Nähe.
Blick auf das Meer.
Fußdusche am Platz. Müllcontainer am Platz.
Ganzjährig zugänglich. Wohnmobile oft anzutreffen.
Angeln im Meer.
Fahrt nach Alicante und Elche.
Ausflug zum Mar Menor.
Keine Parkgebühr.
Ebene und leicht schräge, feste Stellflächen für 5 Wohnmobile.
Für Caravan verboten.
Kein Schatten.

03170 La Marina (Alicante) Platja del Pinet Nord** CB-4

Parkstreifen am Strand in ruhiger und schöner Lage.

Bei Anfahrt von Carthagena (N332) durch La Marina fahren und 800 m nach dem Ortsende rechts Richtung Platja del Pinet abbiegen. Nach weiteren 800 m rechts Richtung Camping und nach 200 m rechts auf die unbefestigte Straße fahren. Noch 200 m bis zum Platz links am Strand.
Koordinaten: 38° 09,11' Nord, 0° 38,50' West.
Koordinaten: 38° 09' 08" Nord, 0° 38' 31" West.

Gaststätte und Häuser am Platz.
Campinglatz gegenüber.
Feiner Sandstrand am Platz.
Blick auf das Meer.
Müllcontainer am Platz.
Ganzjährig zugänglich. Wohnmobile oft anzutreffen.
Angeln im Meer.
Fahrt nach Alicante und Elche.
Ausflug zum Mar Menor.
Keine Parkgebühr.
Ebene, feste Stellflächen für 5 Wohnmobile.
Kein Schatten.

03170 La Marina (Alicante) Platja del Pinet Süd**** CB-5

Zwei befestigte **Großparkplätze** am Strand in sehr ruhiger und sehr schöner Lage.

Bei Anfahrt von Carthagena (N332) durch La Marina fahren und 800 m nach dem Ortsende La Marina rechts Richtung Platja del Pinet abbiegen. Nach 800 m rechts Richtung Campingplatz abbiegen. Nach weiteren 200 m rechts auf den befestigten Strandweg fahren. Noch 600 m bis zu den Großparkplätzen (**Camino del Ruices**).
Koordinaten: 38° 08,40' Nord, 0° 38,20' West.
Koordinaten: 38° 08' 25" Nord, 0° 38' 13" West.

Häuser am Platz.
Breiter, feiner Sandstrand und Dünen am Platz.
Blick auf Dünengelände und Agavenhain.
Fußdusche am Platz. Müllcontainer am Platz.
Ganzjährig zugänglich. Wohnmobile oft anzutreffen.
Angeln im Meer.
Fahrt nach Alicante und Elche.
Ausflug zum Mar Menor.
Keine Parkgebühr.
Ebene und feste Stellflächen für 50 Wohnmobile.
Für Caravan verboten.
Kein Schatten.

03177 La Marina (Alicante) Elche La Marina** CB-6

Privater **Mobilplatz** am Ortsrand in ruhiger Lage.

Von der N332a (Hauptstraße im Ort) im Norden von La Marina Richtung Strand abbiegen (**Cami del Molar o Pinet**). Noch 100 m bis zum Platz rechts.
Koordinaten: 38° 09,37' Nord, 0° 38,33' West.
Koordinaten: 38° 09' 22" Nord, 0° 38' 20" West.

Häuser am Platz. Brötchenservice.
Ver- und Entsorgung und Müllcontainer am Platz.
Stromanschluss möglich. 2 € für 24 Stunden.
Waschmachine und Trockner am Platz.
Ganzjährig zugänglich.
Aufenthalt nicht begrenzt. Mindestaufenthalt 2 Nächte.
Wohnmobile oft anzutreffen.
600 m zum Strand.
Fahrt nach Alicante und Elche.
Ausflug zum Mar Menor.
Parkgebühr: 13 € für 24 Std. einschl. Ver- und Entsorgung.
35 € pro Woche, 115 € pro Monat.
Ebene und feste Stellflächen für 20 Wohnmobile.
Informationen: Tel. +34 9 65 41 90 82
oder 6 33 58 11 26.

In der Markthalle von Valencia

03189 Campoamor (Alicante) Playa La Glea *** CB-7

Unbefestigter **Parkplatz** am Strand mit Randbäumen in sehr ruhiger und schöner Lage.

Von der N332 (Alicante-Carthagena) südlich von Cabo Roig an der Elf-Tankstelle Richtung Playa La Glea abbiegen (Calle Saavedra Fagardo) und nach 1,2 km im kleinen Kreisel rechts und gleich wieder links abbiegen. Nach 500 m wird der Parkplatz links erreicht (**Avenida Las Adelfas**).
Koordinaten: 37° 32,79' Nord, 0° 45,29" West.
Koordinaten: 37° 32' 49" Nord, 0° 45' 19" West.

Häuser am Platz.
Breiter, feiner Sandstrand am Platz.
Blick auf das Meer und Cabo Roig.
Fußduschen und Müllbehälter am Platz.
Ganzjährig zugänglich.
Fahrt nach Carthagena.
Fahrt nach Alicante und Elche.
Ausflug zum Mar Menor.
Keine Parkgebühr.
Ebene, unbefestige Stellflächen für 10 Wohnmobile.
Zufahrt für Busse und Lkw verboten.
Etwas Schatten durch Randbäume.

03190 Torre de la Horadada (Alicante) Playa *** CB-8

In Terrassen eingeteilter asphaltierter **Parkplatz** am Strand in sehr ruhiger und schöner Lage.

Von der Ausfahrt Pilar de la Horadada (770) der AP7 Richtung Pilar (N332) und nach 300 m im Kreisel Richtung Torrevieja fahren. Nach weiteren 700 m rechts Richtung Torre de la Horadada abbiegen. Noch 1,1 km bis zum Platz links.
Koordinaten: 37° 52,80' Nord, 0° 45,30' West.
Koordinaten: 37° 52' 50" Nord, 0° 45' 18" West.

Bar am Strand. Häuser am Platz.
Feiner Sandstrand am Platz.
Blick auf das Meer und die flach bebaute Küste.
Müllbehälter am Platz.
Ganzjährig zugänglich.
Fahrt nach Carthagena
Fahrt nach Alicante.
Fahrt um das Mar Menor.
Keine Parkgebühr.
Ebene, asphaltierte Stellflächen für 10 Wohnmobile.
Kein Schatten.

30740 San Pedro del Pinatar (Alicante) Playa del Mediteraneo ** CB-9

Asphaltierte und befestigte **Parkplätze** vor dem Strand in ruhiger und schöner Lage.

Bei Anfahrt von Carthagena (N332) 1,5 km nach dem Ortsanfang rechts Richtung Puerto/Salinas abbiegen. Nach 700 m links dem Wegweiser Salinas folgen und nach weiteren 600 m im Kreisel geradeaus dem Wegweiser Playa del Mediteraneo folgen. Nach 2,8 km wird links der Parkplatz mit Mattendächern erreicht. Bei Anfahrt von der Autobahn Richtung San Pedro fahren und nach 1 km links Richtung Puerto/Salinas/Mar Menor abbiegen. Dann wie oben.
Koordinaten: 37° 49,11' Nord, 0° 45,51' West.
Koordinaten: 37° 49' 06" Nord, 0° 45' 32" West.

Häuser am Platz.
Sandstrand und Dünen am Platz.
Hafen und Salinen in der Nähe.
Sitzgruppen und Informationstafel am Platz.
Müllbehälter am Platz.
Ganzjährig zugänglich.
Fahrt nach Carthagena. Fahrt nach Alicante und Elche.
Ausflug zum Mar Menor.
Keine Parkgebühr.
Ebene, unbefestige Stellflächen für 5 Wohnmobile.
Zufahrt für Busse und Lkw verboten.
Kein Schatten.

30740 San Pedro del Pinatar (Alicante) Puerto ** CB-10

Asphaltierter **Parkplatz** am Strand und am Hafen in ruhiger und schöner Lage.

Bei Anfahrt von Carthagena (N332) 1,5 km nach dem Ortsanfang rechts Richtung Puerto/Salinas abbiegen. Nach 700 m links dem Wegweiser Salinas folgen und nach weiteren 600 m im Kreisel geradeaus dem Wegweiser Playa del Mediteraneo folgen. Nach 3 km rechts Richtung Playa de La Llana abbiegen. Noch 500 m bis zum Platz links. Bei Anfahrt von der Autobahn Richtung San Pedro fahren und nach 1 km links Richtung Puerto/Salinas/Mar Menor abbiegen. Dann wie oben.
Koordinaten: 37° 49,05' Nord, 0° 45,40' West.
Koordinaten: 37° 49' 03" Nord, 0° 45' 22" West.

Häuser am Platz.
Sandstrand am Platz.
Blick auf das Meer.
Hafen und Salinen in der Nähe.
Müllbehälter am Platz.
Ganzjährig zugänglich.
Fahrt nach Carthagena.
Fahrt nach Alicante und Elche.
Ausflug zum Mar Menor.
Keine Parkgebühr.
Ebene, unbefestige Stellflächen für 5 Wohnmobile.
Zufahrt für Busse und Lkw verboten.
Etwas Schatten durch Randbäume.

30380 La Manga (Alicante) Camping la Manga * CB-11

Asphaltierter **Übernachtungsplatz** vor dem Campingplatz.

Von Carthagena Richtung La Manga fahren und an der Ausfahrt 15 der Schnellstraße N332 abfahren. Nach 300 m links Richtung Playa Ronda fahren. Nach weiteren 300 m rechts und nach weiteren 500 m wieder rechts Richtung Camping-Caravaning abbiegen. Noch 100 m bis zum Platz links vor dem Campingplatz.
Koordinaten: 37° 37,51' Nord, 0° 44,70' West.
Koordinaten: 37° 37' 29" Nord, 0° 44' 40" West.

Gaststätte auf dem Campingplatz.
Verkehrsgeräusche durch Schnellstraße.
Aufenthaltsdauer 24 Stunden.
Müllbehälter am Platz.
Ganzjährig zugänglich.
Fahrt nach Carthagena.
Fahrt um das Mar Menor.
Keine Parkgebühr.
Ebene, asphaltierte Stellflächen für 5 Wohnmobile.
Etwas Schatten durch Randbäume.

30380 La Manga (Alicante) Playa Esculls de La Llana ** CB-12

Asphaltierter **Parkplatz** am felsigen Strand in sehr ruhiger Lage.

Von Carthagena und von der AP7 Richtung La Manga fahren (N315). 18 km nach der Ausfahrt 15 hinter dem kleinen Golfplatz rechts abbiegen. Noch 100 m bis zum Platz links.
Koordinaten: 37° 46,62' Nord, 0° 44,60' West.
Koordinaten: 37° 46' 35" Nord, 0° 44' 36" West.

Gaststätte in der Nähe.
Häuser am Platz.
Felsiger Strand.
Blick auf das Meer und einen Torre.
Müllbehälter am Platz.
Ganzjährig zugänglich.
15 Minuten Fußweg zur Ortsmitte.
Fahrt nach Carthagena.
Fahrt um das Mar Menor.
Keine Parkgebühr.
Ebene, asphaltierte Stellflächen für 5 Wohnmobile.
Kein Schatten.

30200 Cartagena (Alicante) Servicio Belmonte Plus* CB-13

Asphaltierter **Übernachtungsplatz** bei einem Betrieb.

Vom Zentrum Carthagena Richtung Mazarrón/Tentegorra fahren (N332) und 300 m nach dem Kreisel Ctra de Tentegorra rechts zum Platz abbiegen (**Ctra Tentegorra 1**).
Koordinaten: 37° 36,88' Nord, 1° 00,43' West.
Koordinaten: 37° 36' 53" Nord, 1° 00' 26" West.

Gaststätte und Mini-Markt in der Nähe.
Häuser und Shell-Tankstelle am Platz.
Ver- und Entsorgung am Platz. Frischwasser 10 €.
Stromanschluss möglich. Müllbehälter am Platz.
Ganzjährig zugänglich.
Bushaltestelle zur Innenstadt in der Nähe.
30 Minuten Fußweg zur Innenstadt.
Besichtigung von Carthagena: Stadtmauer,
U-Boot von 1888, Fort Las Galeras, Fort San Julian,
Castillo de la Conceptión, Römisches Theater,
Römisches Amphitheater, Marinemuseum.
Fahrt um das Mar Menor. Fahrt nach Murcia.
Parkgebühr: 10 € für 24 Std. inkl. Strom.
Ebene, asphaltierte Stellflächen für 10 Wohnmobile. Kein Schatten.
Informationen: Tel. +34 9 68 12 88 00.

Parkplatz am Strand von Guadamar

Die Küste mit den schönen Plätzen am Strand

Costa Cálida

Tour 8

Südlich des Mar Menor beginnt die Costa Calida, die warme Küste der Provinz Murcia. Felsige Abschnitte liegen im Nordosten zwischen Cabo de Palos und Cabo Tinoso. Weiter im Südwesten wechseln Buchten mit langen sandigen Strandabschnitte ab. Nur bei Marzarron und Garrucha ist die Küste durch Feriensiedlungen verbaut. Dazwischen finden wir einige Superplätze für Wohnmobilurlauber, Plätze, die teilweise verwildert sind, aber auch gepflegte Plätze an bekannten Küstenabschnitten.

Am Playa Entrevista

Cartagena beschert uns eine unfreiwillige Stadtrundfahrt, denn die Beschilderung in der Stadt ist sehr schlecht. Nun haben wir den Hafen, die Stadtmauer und einige sehr schöne alte Gebäude mit Jugendstilfassaden sehen können. Wir können uns gut vorstellen, dass in dieser Stadt, einer karthagischen Gründung, viele karthagische Soldaten und römische Legionen lebten, kämpften und Edelmetalle aus dem Boden schürften.

In der Altstadt sind das im Jugendstil erbaute Rathaus von 1900, die barocke Kirche Santa Maria de Gracia, der Palacio Aguirre und das Patrizierhaus Casa Maestre sehenswert. Bedeutende Museen sind das Museum für Handelsschiffahrt Museo Nacional de Arqueologia Maritima und das Museum über Schiffbau Museo Naval. Carthagena ist heute der bedeutendste Militärhafen in Spanien.

Wir fahren über die Sierra de la Muela nach Puerto de Mazarrón und biegen an der Küste nach La Azohia ab. Am Ende der Küstenstraße finden wir am steinigen Strand einen idyllischen Platz für unser Schlafmobil (CC-1). Zum Baden ist dieser Platz mit kleinen und großen Felsen weniger geeignet, aber wir haben einen wunderschönen Blick vom Cabo Tinoso bis nach Puerto Mazarron, sehen viele Boote vor uns, können nebenan gut essen und genießen die Ruhe und Beschaulichkeit.

Bucht von La Azohia

Der große Strandparkplatz im Osten von Puerto de Mazarron kann auch für eine Übernachtung in Betracht gezogen werden (CC-2). In Bolnuevo bewundern wir den bekannten zerklüfteten Felsen. Naturgewalten haben bizarre Skulpturen geschaffen. Der sehr breite, feine Sandstrand, das warme Meer und der große Parkplatz laden uns zum Bleiben ein, zumal der Ort noch etwas spanisch wirkt (CC-3). Eine Gelegenheit am Abend gut spanisch zu essen? Wir versuchen es. Ein Restaurant am Strand mit spanischem Flair soll es sein. Als wir jedoch die ohne Schaumkrone prall gefüllten Biergläser an den Nachbartischen sehen, ist uns klar, wir sind wieder in „England". Ein englisches Pärchen hat sich hier eine Existenz aufgebaut. Der schöne Lachs wurde uns mit Pilzsoße serviert!

Felsen bei Bolnueva

Nach langer Fahrt durch mit Plastikgewächshäusern „zersiedelte" Gebiete endet unsere Fahrt vor einer „Teppichstange" von 2 m Höhe. Aber wir wollen doch Strand und Meer und einen ruhigen Platz. Nach schwierigstem Wendemanöver sehen wir in der Ferne weiße Flecken. Das können nur Wohnmobile sein. Richtig! Wir finden die Zufahrt über eine Schotterstraße, werden freundlich begrüßt auf dem herrlichen naturbelassenen Parkplatz (CC-4). Abends leuchten die Lichter von Mazarro und die Brandung wiegt uns in den Schlaf.

Weiter durch plastikbedeckte karge Landschaft gen Süden mit Abstechern von der N 332 zum Meer finden wir neben geeigneten „Rastplätzen" tatsächlich einige offizielle Wohnmobil-Stellplätze, die leider nie am Strand liegen (**CC-5** und **CC-6**). Allerdings ist der großzügige und gepflegte Stellplatz der Familie Sprem für einen längeren Aufenthalt sehr gut geeignet. Stromanschlüsse, alle Einrichtungen für die Ver- und Entsorgung sind vorhanden. Der Platz ist zum Überwintern eine echte Alternative zu Campingplätzen. Wir treffen einige deutsche Kollegen auf diesem schönen Platz.

Platz bei Canada

An der Küste von Punta de Calnegre sind große Parkflächen für den Strandaufenthalt gut geeignet (CC-7). Wir fahren heute nur 57 km, uns gefällt es in der einsamen Bucht von Calabardina, ein **Traumplatz** (CC-8). Der felsige Meeresboden kann uns nicht am Baden hindern. Die Zufahrt zu dem großen Parkplatz ist nicht leicht zu finden, vielleicht ist das der Grund, dass wir diese Nacht ohne „Wohnmobilbegleitung“ bleiben.

Strand bei Calabardia

Auf dem Weg nach Calabardina sind auch riesige Parkflächen auf dem festen Sand zum Übernachten geeignet (CC-9). Am Torre de Cabo Copo steht man auf steinigem, leicht schrägen Untergrund mit einem schönen Blick auf das Cabo de Copo (CC-10).

Weiter nach Süden gibt es viele „Cala“ und „Playa“, die zum Baden und oft auch zum Übernachten einladen. Die grauen Felsen an der Straße haben wenig Bewuchs, es folgen viele Kilometer Urbanisation und immer wieder Baustellen für Touristenwohnungen, keine Hochhäuser zwar, aber wer soll das alles bewohnen? Wann hat Spanien genug Touristenunterkünfte gebaut? Schon jetzt im September stehen fast alle Wohnungen leer. Ab November sollen die Menschen zum Überwintern einziehen.

Wir fahren durch Aguilas und treffen schon bald wieder auf zwei sehr schöne Strandparkplätze, eingerahmt von wilden, stark zerklüfteten Felsen, **Strandparadiese** für Urlauber im Ferienhaus auf Rädern (CC-11, CC-12, CC-13). Die Plätze haben viel Raum zum Rangieren und Abstellen. Kleine Tavernen versorgen hungrige Gäste, in Reih und Glied aufgestellte flache Liegen und Sonnenschirme gibt es aber nicht.

Playa de Los Cocodores

Es ist nicht weit bis San Juan los Terreros. Nachdem wir den Ort durchfahren haben, lockt uns der Wegweiser Playa Entrevista auf einen schmalen, kaum befahrbaren Weg mit vielen tiefen Schlaglöchern. Aber schon nach wenigen Metern sehen wir auf dem weitläufigen Gelände verstreut und unmittelbar am Sandstrand Wohnmobile aller Größen, vom kleinsten Campingbus bis zu Modellen von 10 Metern Länge, einige der Sonne ausgesetzt, andere zwischen Palmen und unter hohen Bäumen, ein **Traumplatz** (CC-14). Überall stehen Fahrräder, Roller, Motorräder, Surfbretter, Paddelboote und Jollen. Hier verbringen die Wohnmobilurlauber bestimmt mehrere Tage, betreiben Wassersport, erkunden die Umgebung, genießen das milde Klima, plantschen am flachen Ufer, schwimmen im warmen Meer oder liegen faul am Strand oder im Schatten des Mobils. Der Platz ist ein kleines **Wohnmobilparadies** in einem naturbelassenen Gelände und an einem feinsandigen Strand.

Die Straße führt nun an einer flachen, aber felsigen Küste entlang. Nach dem Ort Villaricos folgen wir dem Wegweiser Playazo und stehen auf einer riesigen, wahrscheinlich aufgeschwemmten, aber festen Ebene (CC-15). Wir wundern uns, weit und breit sind keine „Kollegen" zu sehen. Wir stellen uns in Strandnähe und haben einen erholsamen Abend und eine ruhige Nacht.

Am nächsten Morgen erreichen wir kurz vor Garrucha schon wieder einen großen freien Platz am Strand (CC-16). Dann folgen die Häuser von Garrucha, Feriensiedlungen und Hotelanlagen auf 15 Kilometern Länge. Erst danach bietet sich noch einmal eine Übernachtungsmöglichkeit am Strand, bevor die Straße die Küstenregion verlässt und sich durchs Gebirge schwingt (CC-17).

Wir machen noch einen kleinen Abstecher ins Landesinnere und besuchen das weiße Dorf Mojácar. Die Häuser scheinen an den Abhängen eines Hügels bis zum Gipfel gestapelt worden zu sein, die krummen Gassen vermitteln den Eindruck eines Irrgartens. Der Ausblick vom Mirador an der Plaza Nueva ist überwältigend. Unten am Meer sehen wir die 15 Kilometer lange Bebauung, ein Anblick, der uns nicht so sehr gefällt. Und im Zentrum des weißen Dorfes staut sich der Massentourismus, drängt sich in die Bars, besetzt die Gaststätten und schubst sich durch die Läden und Souvenirshops. Wir machen uns wieder auf den Weg zur Küste.

Tour 8
An der Costa Calida

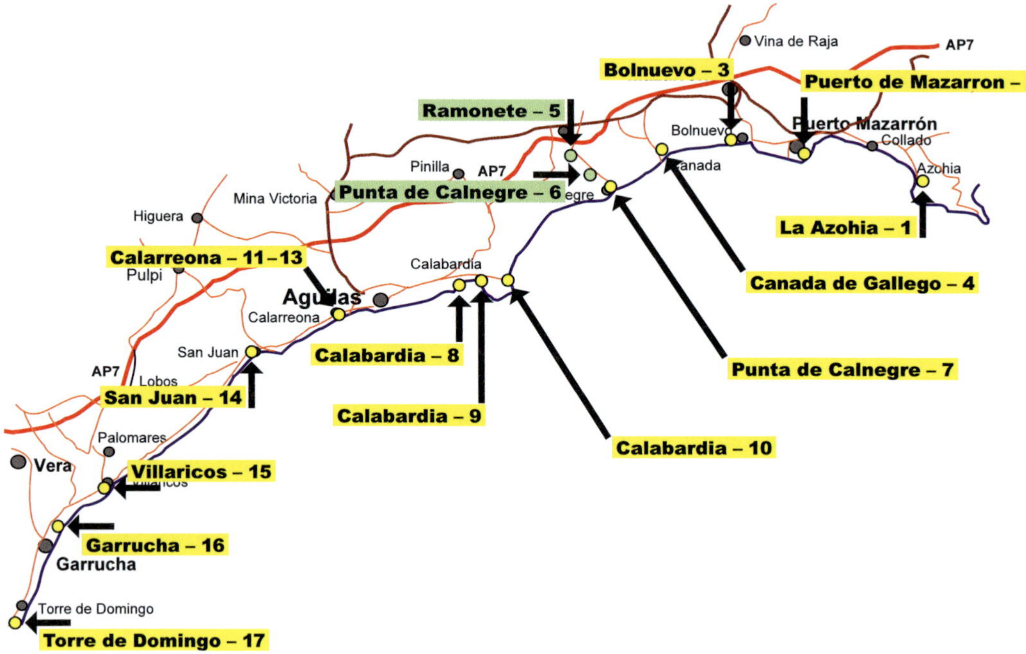

Stellplatz in San Juan

Tour 8: An der Costa Calida

Nr.	Ort, Bezeichnung	Stell-plätze A	Gast-haus	Häu-ser	WC	Bad See	Orts-nähe B	Ent-sorg.	Park-dauer C	Park-gebühr D
CC-1	La Azohia, Strand ***	5	+	+	-	+	3	-	1	0
CC-2	Puerto de Mazarron, Playa ***	20	-	+	-	+	10	-	1	0
CC-3	Bolnuevo, Playa ***	30	+	+	-	+	10	-	1	0
CC-4	Canada de Gallego, Playa ****	30	-	+	-	+	-	-	1	0
CC-5	**Ramonete, Sprem *** **	**50**	**-**	**+**	**-**	**-**	**-**	**+**	**U**	**4**
CC-6	**Punta de Calnegre, Mobilplatz ** **	**20**	**-**	**+**	**-**	**-**	**-**	**+**	**U**	**P**
CC-7	Punta de Calnegre, Playa ***	20	-	+	-	+	8	-	1	0
CC-8	Calabardia, Strand ****	30	-	-	-	+	-	-	1	0
CC-9	Calabardia, Bucht **	30	-	+	-	+	-	-	1	0
CC-10	Calabardia, Capo Copo **	10	-	+	-	-	-	-	1	0
CC-11	Calarreona, Playa la Higuera ****	10	+	-	-	+	-	-	1	0
CC-12	Calarreona, Playa de Carolinas ****	20	+	-	-	+	-	-	1	0
CC-13	Calarreona, Playa Cocodores ****	10	+	-	-	+	-	-	1	0
CC-14	San Juan, Playa Entrevista ****	30	-	-	-	+	-	-	1	0
CC-15	Villaricos, Playazo Villaricos ***	100	+	-	-	+	10	-	1	0
CC-16	Garrucha, Playa Quitapellejos **	100	+	+	-	+	-	-	1	0
CC-17	Torre de Domingo, Playa **	50	-	-	-	+	-	-	1	0

Legende

****	sehr ruhige und sehr schöne Lage.
***	sehr ruhige und schöne Lage.
**	ruhige und gute Lage.
*	keine ruhige Lage.
A	Stellplätze gestaffelt nach 3, 5, 10, 20, 30, 50 Wohnmobilen. Dabei wird angenommen, dass nur die Hälfte des Platzes zur Verfügung steht und die andere Hälfte durch Pkws belegt ist.
B	Fußweg in Minuten, x über 15 min Fußweg.
C	Aufenthaltsdauer in Tagen.
D	Stellplatzgebühr in Euro pro Wohnmobil und 24 Stunden oder Parkgebühr.
P	Parkgebühr in der Saison.
T	Aufenthaltsdauer einige Tage.
U	Aufenthaltsdauer unbegrenzt.
fett	Wohnmobil-Stellplatz
(gelb)	Parkplatz
(grün)	Wohnmobil-Stellplatz

30868 La Azohia (Murcia) Playa*** CC-1

Festes steiniges **Parkgelände** am Strand in sehr ruhiger und schöner Lage.

Von der N332 (Cartagena-Mazzaron) östlich von Puerto de Mazarrón Richtung La Azohia abbiegen (E-22). Nach 5,4 km rechts Richtung La Azohia fahren (E-16). Nach weiteren 3 km wird der Platz am Ende der Strandpromenade erreicht.
Koordinaten: 37° 33,20' Nord, 1° 10,21' West.
Koordinaten: 37° 33' 11" Nord, 1° 10' 13" West.

Gaststätte und Häuser am Platz.
Feiner Sandstrand am Platz.
Blick auf das Meer und zum Punta de Azohia.
Müllcontainer am Platz.
Ganzjährig zugänglich.
Angeln im Meer.
2 Minuten Fußweg zur Ortsmitte
Fahrt nach Mazzaron und Cartagena.
Fahrt entlang der Costa Calida.
Keine Parkgebühr.
Ebene, aber grobsteinige Stellflächen für 5 Wohnmobile.
Kein Schatten.
Ausweichparkplatz 1,3 km vorher links.

30876 Puerto de Mazarron (Murcia) Playa*** CC-2

Festes natürliches **Parkgelände** am Strand in sehr ruhiger und schöner Lage.

Von der N332 (Aguila-Mazzaron) im Kreisel westlich von Mazarron Richtung Bolnuevo/Puerto de Mazarron abbiegen. Nach 3,4 km links Richtung Puerto Mazarron fahren. Nach 3 km rechts abbiegen. Noch 100 m bis zum Platz rechts.
Koordinaten: 37° 33,81' Nord, 1° 18,31' West.
Koordinaten: 37° 33' 47" Nord, 1° 18' 17" West.

Häuser und Hafen in der Nähe.
Feiner Sandstrand am Platz.
Blick auf das Meer und eine vorgelagerte Felsinsel.
Müllbehälter am Strand.
Ganzjährig zugänglich.
10 min Fußweg zur Ortsmitte
Fahrt nach Mazzaron und Cartagena.
Fahrt entlang der Costa Calida.
Keine Parkgebühr.
Stellmöglichkeiten für 20 Wohnmobile.
Caravan und Zelte verboten.
Ebene, teilweise holprige Stellflächen.
Kein Schatten.

30877 Bolnuevo (Murcia) Playa *** CC-3

Geschottertes großes **Parkgelände** am Strand in ruhiger und sehr schöner Lage.

Von der N332 (Aguila-Mazzaron) im Kreisel westlich von Mazarron Richtung Bolnuevo/Puerto de Mazarron abbiegen. Nach 3,4 km rechts Richtung Bolnueva fahren. Noch 800 m bis zum Platz rechts an den Felsen.
Koordinaten: 37° 33,80' Nord, 1° 18,70' West.
Koordinaten: 37° 33' 49" Nord, 1° 18' 42" West.

Gaststätten und Häuser am Platz.
Geschäfte in der Nähe.
Breiter, feiner Sandstrand am Platz.
Blick auf das Meer, die Felsenküste und die bekannte Felsformation von Bolnueva.
Müllbehälter am Strand. Chemie-WC am Strand.
Ganzjährig zugänglich.
Ausflug zur Costa Blanca.
Fahrt nach Mazzaron und Cartagena.
Fahrt entlang der Costa Calida.
Keine Parkgebühr.
Ebene, geschotterte Stellflächen für 30 Wohnmobile.
Caravan und Zelte verboten.
Kein Schatten.

30876 Canada de Gallego (Murcia) Playa **** CC-4

Befestigtes großes **Parkgelände** am Strand in sehr ruhiger und sehr schöner Lage.

Von der N332 (Aguila-Mazzaron) im Kreisel Richtung Canada de Callego fahren und nach 4,5 km – 2,7 km nach dem Ortsanfang – geradeaus zum Schotterweg abbiegen (**Camino de Las Covaticas**). Noch 200 m bis zum Platz links und rechts. Die asphaltierte Straße endet nach 400 m vor einer Barriere. Keine Wendemöglichkeit für große Wohnmobile.
Koordinaten: 37° 32,11' Nord, 1° 22,29' West.
Koordinaten: 37° 32' 06" Nord, 1° 22' 18" West.

Häuser in der Nähe.
Gewächshäuser rechts und links der Anfahrtstraße.
Kiesstrand am Platz.
Blick auf das Meer und auf Mazzaron.
Müllcontainer am Platz.
Ganzjährig zugänglich.
Ausflug zur Costa de Almeria.
Fahrt nach Mazzaron.
Keine Parkgebühr.
Feste, natürliche, ebene und leicht schräge Stellflächen für 30 Wohnmobile.
Kein Schatten.

30876 Ramonete (Murcia) Wohnmobilplatz Sprem*** CC-5

Wohnmobil- und Caravanplatz in sehr ruhiger und schöner Lage.

Von der N332 (Aguila-Mazzaron) Richtung Puntas de Calnegre abbiegen. Nach 3,4 km wird der Platz links erreicht (Wohnmobil-Symbol).
Koordinaten: 37° 31,61' Nord, 1° 26,00' West.
Koordinaten: 37° 31' 36" Nord, 1° 26' 01" West.

Häuser in der Nähe.
Gaststätte in 3 km Entfernung. Bäcker-Service am Platz.
Tor vor der Einfahrt. 8-22.00 Uhr geöffnet.
Platz eingezäunt.
Ver- und Entsorgung am Platz. Wasser 1 € für 100 l.
Müllcontainer am Platz.
Elektroanschluss möglich. Gebühr 0,50 € pro kWh.
Weihnachten und Silvester Essen und Veranstaltungen.
Ganzjährig zugänglich. Aufenthaltsdauer nicht begrenzt.
Wohnmobile immer anzutreffen.
Ausflug zur Costa de Almeria.
Ausflug zum Cabo de Gata. Fahrt nach Mazzarón.
Parkgebühr: 5 Euro einschl. Ver- und Entsorgung.
Gekieste, ebene und leicht schräge Stellflächen für 50 Wohnmobile oder Caravan.
Kein Schatten.
Informationen: Tel. 34 9 68 15 80 48.

30876 Punta de Calnegre (Murcia) Wohnmobilplatz** CC-6

Wohnmobil- und Caravanplatz in ruhiger und schöner Lage.

Von der N332 (Aguila-Mazzaron) Richtung Puntas de Calnegre abbiegen (D21). Nach 5,9 km wird der Platz links erreicht (Wohnmobil-Symbol).
Koordinaten: 37° 30,69' Nord, 1° 24,80' West.
Koordinaten: 37° 30' 41" Nord, 1° 24' 47' West.

Häuser in der Nähe.
Tor vor der Einfahrt.
Ver- und Entsorgung am Platz.
Stromversorgung möglich. Müllcontainer am Platz.
Ganzjährig zugänglich. Aufenthalt nicht begrenzt.
Falls Tor verschlossen Tel-Nr. anrufen.
Ausflug zur Costa de Almeria. Fahrt nach Mazzaron.
Parkgebühr: 10 € für 24 Std., danach 8,50 € pro Tag.
Stellmöglichkeiten für 20 Wohnmobile oder Caravan.
Für sehr große Wohnmobile nicht geeignet.
Kein ausreichender Rangierraum.
Befestigte, ebene Stellflächen.
Etwas Schatten durch Randbäume.
Informationen: Tel. 34 6 96 89 01 94.

Punta de Calnegre

Punta de Calnegre (Murcia) Playa*** CC-7

Unbefestigtes **Parkgelände** am Strand in sehr ruhiger und schöner Lage.

Von der N332 (Aguila-Mazzarón) Richtung Puntas de Calnegre abbiegen. Nach 6,7 km – 100 m nach dem Ortsanfang – am Strand links fahren. Noch 400 m bis zu dem Parkplatz rechts.
Koordinaten: 37° 32,71' Nord, 1° 24,03" West.
Koordinaten: 37° 32' 44" Nord, 1° 24' 02" West.

Lebensmittelgeschäft, Bar und Häuser in der Nähe.
Kies- und Sandstrand am Platz.
Blick auf das Meer.
Müllcontainer und Spielplatz am Ausweichparkplatz.
Ganzjährig zugänglich.
Ausflug zur Costa de Almeria.
Fahrt nach Mazzarón.
Keine Parkgebühr.
Unbefestigte, ebene Stellflächen für 20 Wohnmobile.
Kleiner Ausweichparkplatz 100 m nach dem Ortsanfang.
Kein Schatten.

30880 Calabardina (Murcia) Strand**** CC-8

Parkgelände mit einzelnen Bäumen am Strand in sehr ruhiger und sehr schöner Lage.

Von der N332 (Aguila-Mazzarón) Richtung Capo Copo abbiegen und nach 19 km kurz vor Aguilas links Richtung Calarbadina/Cabo Cope abbiegen. Nach 400 m rechts auf einen befestigten Weg abbiegen (kein Wegweiser). Noch 300 m bis zum Parkgelände. Bei Anfahrt von Aquilas 3,2 km nach dem letzten Kreisel rechts Richtung Calarbadia und nach 400 m zum Weg abbiegen.
Koordinaten: 37° 25,72' Nord, 1° 31,50' West.
Koordinaten: 37° 25' 40" Nord, 1° 31' 30" West.

Etwas einsame Lage.
Blick auf das Meer, auf die Felsküste und auf Cabo Copo.
Sand- und Felsstrand am Platz.
Müllcontainer am Platz.
Ganzjährig zugänglich.
Ausflug zur Costa de Almeria.
Ausflug zum Cabo de Gata.
Fahrt nach Mazzarón.
Keine Parkgebühr.
Ebene, feste Stellflächen für 30 Wohnmobile.
Für Wohnwagen und Zelte verboten.
Etwas Schatten durch einzelne Bäume.

30880 Calabardina (Murcia) Bucht ** CC-9

Parkgelände an der Bucht vor dem Ort in ruhiger und schöner Lage.

Von der N332 (Aguila-Mazzarón) Richtung Capo Copo abbiegen und nach 19 km kurz vor Aguilas links Richtung Cabo Copo abbiegen. Nach 1,1 km wird rechts das Parkgelände erreicht.
Koordinaten: 37° 32,40' Nord, 1° 28,60' West.
Koordinaten: 37° 32' 24" Nord, 1° 28' 35" West.

Häuser in der Nähe.
Blick auf das Meer und auf Cabo Copo.
Sand- und Steinstrand am Platz.
Müllcontainer am Platz.
Ganzjährig zugänglich.
Ausflug zur Costa de Almeria.
Ausflug zum Cabo de Gata.
Fahrt nach Mazzarón.
Keine Parkgebühr.
Ebene, feste sandige Stellflächen für 30 Wohnmobile.
Für Wohnwagen und Zelte verboten.
Kein Schatten.

30880 Calabardina (Murcia) Cabo Copo ** CC-10

Parkgelände am Torre de Cope in ruhiger und schöner Lage.

Von der N332 (Aguila-Mazzarón) Richtung Cabo Copo und kurz vor Aguilas links Richtung Capo Copo abbiegen. Nach 4,4 km – 1,1 km nach dem Ortsende Calabardina – wird der Platz an der Küste erreicht.
Koordinaten: 37° 26,21' Nord, 1° 29,08' West.
Koordinaten: 37° 26' 15" Nord, 1° 29' 05" West.

Häuser in der Nähe.
Blick auf das Meer und auf den Felsen Cabo Copo.
Felsenstrand am Platz.
Müllcontainer am Platz.
Torre de Copo mit Ausblick am Platz.
Ganzjährig zugänglich.
Ausflug zur Costa de Almeria.
Ausflug zum Cabo de Gata.
Fahrt nach Mazzarón.
Keine Parkgebühr.
Leicht schräge, steinige Stellflächen für 10 Wohnmobile.
Kein Schatten.

30370 Calarreona (Murcia) Playa de Carolinas **** CC-11

Parkfläche am Strand in sehr ruhiger und sehr schöner Lage.

Von Aguilas (332) Richtung Vera/San Juan los Terreros fahren und 4,1 km nach dem Ortsende Aguilas – 2,2 km nach dem Ortsanfang Calarreona – im Kreisel links dem Wegweiser Playa de Carolinas folgen (befestigter Weg). Nach 200 m geradeaus fahren. Noch 400 m bis zum Platz.
Koordinaten: 37° 22,60' Nord, 1° 37,71' West.
Koordinaten: 37° 22' 36" Nord, 1° 37' 42" West.

Gaststätten in der Nähe.
Blick auf das Meer und auf bizarre Felsen.
Feiner Sandstrand am Platz.
Müllcontainer am Platz.
Ganzjährig zugänglich.
Wohnmobile oft anzutreffen.
Ausflug zur Costa de Almeria.
Ausflug zum Cabo de Gata.
Keine Parkgebühr.
Ebene, feste Stellflächen
für 20 Wohnmobile.
Kein Schatten.

30370 Calarreona (Murcia) Playa de Los Cocedores **** CC-12

Parkfläche am Strand in sehr ruhiger und sehr schöner Lage.

Von Aguilas (332) Richtung Vera/San Juan los Terreros fahren und 4,1 km nach dem Ortsende Aguilas – 2,2 km nach dem Ortsanfang Calarreona – im Kreisel links dem Wegweiser Playa de Los Cocedores folgen (befestigter Weg). Nach 200 m rechts abbiegen (holpriger Weg). Noch 300 m bis zum Platz.
Koordinaten: 37° 22'48' Nord, 1° 37,79' West.
Koordinaten: 37° 22' 30" Nord, 1° 37' 48" West.

Gaststätten am Platz
Blick auf die Bucht und auf bizarre Felsen.
Feiner Sandstrand am Platz.
Müllcontainer am Platz.
Ganzjährig zugänglich.
Ausflug zur Costa de Almeria.
Ausflug zum Cabo de Gata.
Keine Parkgebühr.
Ebene, feste Stellflächen
für 10 Wohnmobile.
Kein Schatten.

04648 San Juan los Terreros (Murcia) Playa de La Entrevista **** CC-13

Unbefestigte **Parkfläche** am Strand mit einigen Bäumen in sehr ruhiger und sehr schöner Lage.

Von Aguilas (N332) Richtung Vera/San Juan los Terreros fahren und 2,8 km nach dem Ortsanfang San Juan – 1,8 km nach dem letzten Kreisel – links zum Parkgelände abbiegen (Playa de La Entrevista). Noch 200 m durch Schlaglöcher bis zum Platz. Bei Anfahrt von Garrucha 300 m nach der Abzweigung Vera rechts zum Parkgelände abbiegen.
Koordinaten: 37° 21,11' Nord, 1° 40,80' West.
Koordinaten: 37° 21' 07" Nord, 1° 40' 50" West.

Blick auf das Meer.
Feiner Sandstrand am Platz.
Stranddusche am Platz. Müllkörbe am Platz.
Ganzjährig zugänglich.
Wohnmobile fast immer anzutreffen.
Ausflug zur Costa de Almeria.
Ausflug zum Cabo de Gata.
Keine Parkgebühr.
Ebene und unebene Stellflächen für 30 Wohnmobile. Teilweise Schlaglöcher.
Etwas Schatten durch einzelne Bäume.

04618 Villaricos (Murcia) Playazo Villaricos *** CC-14

Sehr große **Parkfläche** am Strand in sehr ruhiger und schöner Lage.

Von San Juan los Terreros Richtung Garrucha (Küstenstraße) fahren, am westlichen Ortsrand von Villaricos links Richtung Playazo de Villaricos abbiegen. Nach 100 m rechts zur Parkfläche abbiegen und bis zum Strand durchfahren.
Koordinaten: 37° 14,58' Nord, 1° 46,62" West.
Koordinaten: 37° 14' 34" Nord, 1° 46' 37" West.

Blick auf das Meer.
Gaststätte am Platz.
Sandstrand am Platz.
Stranddusche am Platz.
Müllcontainer am Platz.
Ganzjährig zugänglich.
10 Minuten Fußweg zur Ortsmitte.
Angeln im Meer.
Ausflug zur Costa de Almeria.
Ausflug zum Cabo de Gata.
Keine Parkgebühr.
Ebene, feste Stellflächen für 100 Wohnmobile.
Kein Schatten.

04613 Garrucha (Murcia) Playa de Quitapellejos ** CC-15

Befestigte und unbefestigte **Parkflächen** am Strand in sehr ruhiger Lage.

Von San Juan los Terreros Richtung Garrucha (Küstenstraße) fahren und nördlich von Garrucha im Kreisel links Richtung Playa de Quitapellejos abbiegen. Noch 300 m bis zu den Parkflächen rechts und links. Bei Anfahrt von der Autobahn vor Garrucha links Richtung Villaricos fahren und nach 4,5 km im Kreisel rechts Richtung Playa de Quitapellejos abbiegen. Noch 300 m.
Koordinaten: 37° 13,90' Nord, 1° 47,78' West.
Koordinaten: 37° 13' 54" Nord, 1° 47' 49" West.

Blick auf das Meer.
Gaststätte am Platz. Häuser in der Nähe.
Sandstrand am Platz.
Stranddusche am Platz.
Nur in der Saison in Betrieb.
Müllcontainer am Platz.
Ganzjährig zugänglich.
10 min Fußweg zur Ortsmitte.
Angeln im Meer.
Ausflug zur Costa de Almeria.
Ausflug zum Cabo de Gata.
Keine Parkgebühr.
Ebene, feste Stellflächen für 100 Wohnmobile.
Kein Schatten.

04638 Torre de Dominico Publico (Murcia) Playa Torre ** CC-16

Zwei befestigte und unbefestigte weitläufige **Parkflächen** am Strand in guter Lage.

Von Garrucha Richtung Carboneras (Küstenstraße) fahren (ALP 118) und am Ende der Bebauung zum ersten kleinen Platz links abbiegen. Nach 1,8 km wird die erste Zufahrt links und nach 2,5 km die zweite Zufahrt links zu dem großen Parkgelände am Strand erreicht.
Koordinaten: 37° 5,07' Nord, 1° 51,12" West.
Koordinaten: 37° 5' 04" Nord, 1° 51' 07" West.

Blick auf das Meer.
Steile Zufahrten zu den Plätzen.
Einsame Lage. Verkehrsgeräusche durch nahe Straße.
Sandstrand am Platz.
Müllcontainer am Platz.
Ganzjährig zugänglich.
Torre del Pirulico in der Nähe.
Angeln im Meer.
Ausflug zur Costa de Almeria.
Ausflug zum Cabo de Gata.
Keine Parkgebühr.
Ebene, teilweise holprige Stellflächen für 50 Wohnmobile. Kein Schatten.

An der unverbauten Küste

Costa de Almeria

Tour 9

Cabo di Gata, ein großes Naturschutzgebiet, ist ursprünglich und natürlich geblieben, keine Hochhäuser, keine Feriensiedlungen, dafür ungenutzte Küste, kleine Fischerorte und nur wenig Tourismus, ein Paradies mit **Traumstränden für Wohnmobilurlauber**. In den kleinen Dörfern lebt man von der Landwirtschaft, dem Fischfang und von wenigen, einzelnen Touristen.

Wir bleiben an dieser schönen Küste mehrere Tage und erfreuen uns an den unverbauten Stränden, einsamen Buchten, wilden Felsküsten und glasklarem Wasser. In dem weitläufigen Naturschutzgebiet sehen wir keine Tiere in der verdörrten Macchia. Aber der Küstenstreifen hat seinen ganz besonderen Reiz. Buchten mit feinen Sandstränden und vorgelagerte Felsgruppen erfreuen uns, zumal wir überall rasten dürfen.

Bevor wir das Naturschutzgebiet aufsuchen, übernachten wir in Agua Amarga am Strand beim Torre del Pyrulico (**CA-1**). In der Taverne können wir gut speisen und unseren Tank mit Frischwasser füllen. Der Blick gleitet vom Torre über das blaue Meer.

Agua Amarga, ein beschaulicher kleiner Ferienort im Norden des Naturschutzgebietes, scheint ein englischer Außenposten zu sein, wir hören nur englisch sprechende Touristen. Auf unserem Stellplatz am Meer müssen wir einem Engländer helfen, sein eigenes Auto aufzubrechen, denn seinen Schlüssel hatte er innen liegen. Der feine Sandstrand vor unserem Schlafplatz ist sehr breit und wird an beiden Seiten von zerklüfteten Felsen eingerahmt. Mehrere Gaststätten sind ganz in der Nähe. Die wenigen Touristen genießen das Essen, den Vino tinto und den Blick zur Brandung und über das Meer.

Nach Süden führt keine Straße in der Nähe der Küste. Nur zu Fuß erreicht man die einsamen Buchten Cala de Enmedio und Cala del Plomo. Richtung Norden, sofort nach Ende des Naturschutzgebietes, ragen aus der grau-braunen Macchia an den Felsen einige frisch-grüne Fächerpalmen auf. Frisches Grün ist selten in dieser Gegend.

Wir müssen nach Westen fahren, verlassen das Gebiet, nehmen nach einigen Kilometern wieder eine Straße zur Küste und erreichen den abgeschiedenen Fischerort Las Negras. Der große Parkplatz am steilen Ufer entpuppt sich leider als eine sehr schiefe Ebene und der geschotterte, ebene Platz davor ist ein Fußballplatz. Wir fahren deshalb weiter, obwohl wir gerne in dieser Idylle geblieben wären. Wir suchen auf dieser Erkundungstour nicht das quirlige Leben der spanischen Metropolen, daher wollen wir noch etwas im Naturschutzgebiet bleiben und lenken unser rollendes Heim wieder nach Süden.

Aber nur wenige Kilometer südlich lockt uns der Wegweiser „playa de playazo" zum Strand. Wir durchfahren den winzigen Ort La Ermita und landen in einer von Felsen eingerahmten großen Bucht mit einem **Strandparadies** und Blick auf das Castillo de San Ramón (CA-2). Tagsüber sonnen sich hier einige spanische Urlauber, Wanderer durchqueren die Bucht, abends stehen nur noch drei Wohnmobile hier. Und morgens erleben wir um 8.30 Uhr einen fantastischen Sonnenaufgang am Horizont.

In Rodalquilar bauten schon die Römer Silbererze ab. Im Mittelalter fand man sogar Gold. Seit 1966 liegen die Minen still. Im Ort ist heute der Botanische Garten El Albardinal mit Pflanzen aus dem Tiefland der Küste und aus dem gebirgigen Hinterland zu besichtigen.

Zwei weitere Mini-Küstendörfer La Isleta und Los Escullos bergen wieder schöne Strandbuchten mit steinigen und oft schrägen Parkplätzen, aber mit viel Raum zum Parken und Wenden (CA-3, CA-4 und **CA-5**). Wer die Natur und die Einsamkeit liebt, der wird sich hier wohl fühlen. Von der felsigen Küste haben wir **Panoramablicke** über das Land und das Meer.

Das Fischerdorf San José, das touristische Zentrum des Gebietes, hat einen richtigen kleinen Hafen mit guten Fischrestaurants. Aber auch hier gibt es keine ausgedehnten Feriensiedlungen und Hotelkomplexe. Der etwas schräge Strandparkplatz in der Nähe des Hafens hat nur Stellflächen für Pkws und ist oft belegt (CA-6).

Der Fischerort Cabo de Gata liegt mitten im Naturschutzgebiet und darf deshalb nicht mit Touristenwohnungen zubetoniert werden. Hier erfreuen wir uns an alten bunten Holzbooten im Fischereihafen. Von Hafen kann eigentlich keine Rede sein, denn die blauen, roten und grünen

Boote sind alle auf den Strand gezogen und warten dort auf die nächste Fahrt zu den Fischgründen. Schade, dass es noch so früh am Tag ist und wir den frischen Fisch im örtlichen Restaurant nicht genießen können (CA-7).

Bunte, hölzerne Boote liegen auch auf dem Strand von San Miguel de Cabo di Gata. Der Strand ist unendlich lang und dehnt sich von hier bis fast nach Almeria in einer einzigen Geraden ohne Felsen und Buchten aus. Der Parkplatz am Strand in der Nähe der bunten Boote kann für die Übernachtung genutzt werden (CA-8). Die Gastwirtschaft nebenan serviert frischen Fisch.

Die Salinen am Ortsende sind noch in Betrieb, hoch auf den Salzbergen balancieren Arbeiter. Wir wollen den weithin sichtbaren „Faro" ansteuern und ahnen nicht, dass wir über eine kurvige, steile Gebirgsstrecke fahren müssen. Eine nicht angekündigte einspurige Engstelle von 500 Metern mit zwei sehr engen Kurven und Steigungen lässt unsere Herzen schneller klopfen. Jetzt nur kein Gegenverkehr! Die Ausblicke am Faro sind malerisch. Steile Felsen und kleine Klippen und Felsgruppen werden vom Meer umbrandet. Richtig genießen können wir das Naturschauspiel jedoch nicht, denn wir haben nur die Engstelle für die Rückfahrt im Kopf. Aber wir haben Riesenglück. Gerade erst als wir die kritischen, steilen Kurven passiert haben, kommt uns ein Pkw entgegen. Aufatmen! Das war wieder ein Teil unserer „Abenteuerreisen".

Costa de Almeria

Am Playa de Torre Garcia

Bei Retamar am Playa de Torre Garcia finden wir nach holpriger Zufahrt wieder mehrere wundervolle Rastplätze zum Schwimmen und für die Nacht (CA-9). Eine riesige Mövenkolonie kommt zum Schlafen an den Strand und die Polizei fährt Patrouille und grüßt freundlich. In Spanien scheint es viel mehr Ordungshüter zu geben als in Deutschland. Uns gefällt das durchaus. Gerne würden wir hier noch einige Tagen und Nächte auf den verschiedenen Parkplätzen am langen Strand verbringen.

Der Naturpark Cabo de Gata ist auch ein Paradies für Wanderer. Besonders beeindruckend sind die Küstentouren vom Kap Cabo de Gata Richtung San José, vom Strand bei Rodalqilar zur Bucht Cala del Cuervo, von San José nach La Isleta und von Las Negras zur Bucht Cala de San Pedro. Die besten Wanderzeiten sind Frühling und Herbst. Wanderkarten erhält man im Informationszentrum bei Agua Amarga.

Die Provinzhauptstadt **Almeria**, die weiße Stadt, liegt an der Küste und ist leicht zu erreichen. Das Gebiet wurde schon von den Phöniziern, Karthagern und Römern besiedelt. Die Stadt selbst wurde aber erst im 9. Jahrhundert von den Mauren gegründet, die auch die Stadtmauer und die Festung **Alcazaba** auf einer Anhöhe errichteten. Später wurde die Anlage um einen maurischen Palast und eine Wohnburg erweitert. Den Eingang erreicht man durch einen Torbogen und über einen Treppenweg. Der erste Mauerring umfasst Gärten, Zisternen und einen Glockenturm. Der zweite Mauerring beschützt die Paläste, die Bäder und weitere Zisternen. Innerhalb des dritten Mauerrings steht die Burg der Katholischen Könige und ein Bergfried, gebaut nach der Rückeroberung von Almeria. Bei einem Spaziergang über die Wehrmauern hat man einen **Panoramablick** über die Stadt, den Hafen und das schäumenden Meer.

Die **Kathedrale** in der Stadt ähnelt mit ihren zinnenbewehrten Türmen und mächtigen Mauern einer Festung. Sie wurde an der Stelle einer Moschee im 16. Jahrhundert errichtet und musste einigen Piratenangriffen standhalten. Das Hauptportal und das Chorgestühl aus der Zeit der Renaissance, das bewegliche Relief „Sonne von Portocarrero“ und das Christusbild „Santo Christo de la Escucha“ sind die bekanntesten Teile der Kathedrale.

Weitere Sehenswürdigkeiten in Almeria sind die Kirche Iglesia de Santiago in der engen Einkaufsstraße Calle de las Tiendas mit einem der Kathedrale ähnlichen Renaissance-Portal, das Rathaus aus dem 19. Jahrhundert und in der Umgebung die Ausgrabungsstätte **Los Millares**, ein Fundort aus der Kupferzeit um 2700 v. Chr. Die Schächte und Minen der nahen Sierra de Gádor lieferten das notwendige Kupfer für die Kupferarbeiten der Bewohner. Die Siedlung besaß bereits eine Außenmauer, halbkreisförmige Türme und runde Hütten von fünf Metern Durchmesser.

Wir fahren nach Almeria und Richtung Roquetas de Mar, ursprünglich ein Fischerdorf, jetzt ein wichtiges Touristenzentrum an der Costa de Almeria. Die Stadt ist freundlich, sauber, dehnt sich aber nach allen Seite wie ein Krake aus und umschlingt mit Wohnkomplexen und Hotelbauten den 20 Kilometer langen Strand. Parkplätze sind nur auf noch nicht bebauten Flächen zu finden. Weiter südlich beginnt wieder die eintönige Plastikwüste der Gemüseplantagen. Im Touristenort Almerimar werden die Wohnmobilurlauber durch Verbotsschilder abgewiesen. Im Hafen von Almerimar besteht die Möglichkeit, das Haus auf Rädern von allem Ballast zu befreien und dort auch zu übernachten (**CA-10**). In Guardeas Viejas (CA-11 und CA-12) und in Balerma (CA-13 und CA-14) finden wir wieder ausgedehnte Parkmöglichkeiten an Sand- und Kiestränden.

Tour 9
An der Costa de Almeria

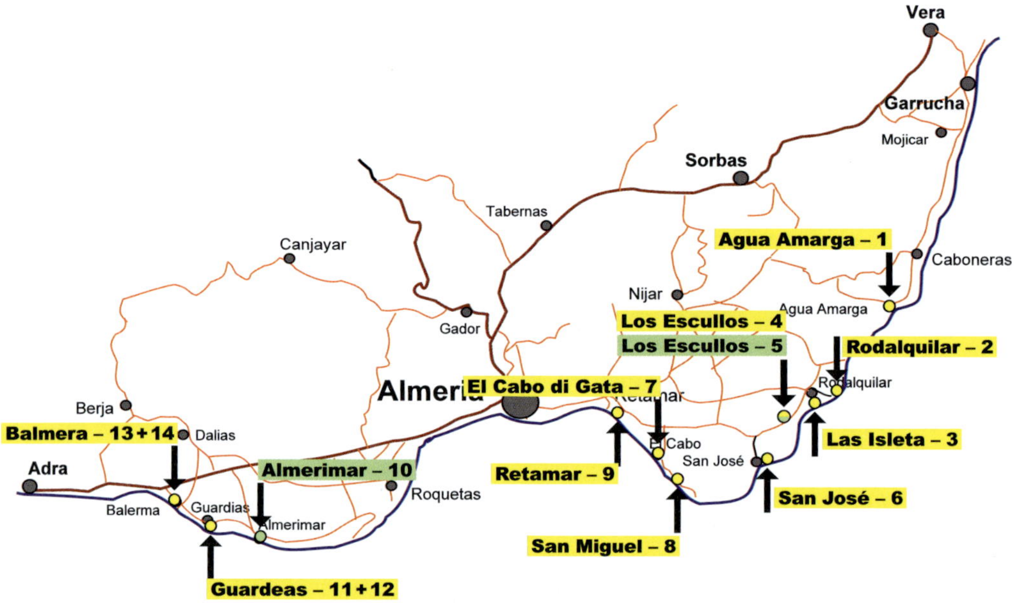

Am Cabo di Gata

Tour 11: **An der Costa de Almeria**

Nr.	Ort, Bezeichnung	Stell-plätze	Gast-haus	Häu-ser	WC	Bad See	Orts-nähe	Ent-sorg.	Park-dauer	Park-gebühr
		A					B		C	D
CA-1	Agua Amarga, Playa **	10	+	+	-	+	4	-	1	0
CA-2	Rodalquilar, Playa del Playazo ****	10	-	-	-	+	x	-	1	0
CA-3	La Isleta, Playa des Penon **	20	-	+	-	+	x	-	1	0
CA-4	Los Escullos, Playa del Arco ***	20	-	-	-	+	x	-	1	0
CA-5	**Los Escullos, Privater Platz *** **	**20**	**-**	**-**	**-**	**+**	**x**	**-**	**1**	**P**
CA-6	San José, Ortsparkplatz *	10	+	+	-	+	5	-	1	0
CA-7	El Cabo di Gata, Fischerhafen **	20	+	+	-	+	3	-	1	0
CA-8	San Miguel, Playa La Fabeiquilla **	10	+	+	-	+	x	-	1	0
CA-9	Retamar, Playa de Torre Garcia ****	50	-	-	-	+	x	-	1	0
CA-10	**Almerimar, Hafen ** **	**20**	**-**	**+**	**+**	**-**	**8**	**+**	**3**	**8**
CA-11	Guardeas, Playa Limpia Nord **	10	-	+	-	+	x	-	1	0
CA-12	Guardeas, Playa Limpia Sud **	20	-	+	-	+	x	-	1	0
CA-13	Balerma, Playa Limpia Nord **	20	-	+	-	+	x	-	1	0
CA-14	Balerma, Playa Limpia Sud *	20	-	+	-	+	x	-	1	0

Legende

****	sehr ruhige und sehr schöne Lage.
***	sehr ruhige und schöne Lage.
**	ruhige und gute Lage.
*	keine ruhige Lage.
A	Stellplätze gestaffelt nach 3, 5, 10, 20, 30, 50 Wohnmobilen. Dabei wird angenommen, dass nur die Hälfte des Platzes zur Verfügung steht und die andere Hälfte durch Pkws belegt ist.
B	Fußweg in Minuten, x über 15 min Fußweg.
C	Aufenthaltsdauer in Tagen.
D	Stellplatzgebühr in Euro pro Wohnmobil und 24 Stunden oder Parkgebühr.
P	Parkgebühr in der Saison.
T	Aufenthaltsdauer einige Tage.
U	Aufenthaltsdauer unbegrenzt.
fett	Wohnmobil-Stellplatz

Parkplatz (gelb) Wohnmobil-Stellplatz (grün)

04149 Agua Amarga (Almeria) Playa ** CA-1

Befestigte **Parkfläche** am Strand in ruhiger Lage.

Von Carboneras Richtung Agua Amarga fahren und am Informationszentrum Parque Natural Cabo de Gata rechts halten. 600 m nach dem Ortsanfang nicht dem Wegweiser Playa folgen (sehr schmale Straße), sondern nach 100 m dem Wegweiser Hotel Tio Kiko links folgen. Noch 200 m bis zum Platz. Bei Anfahrt aus dem Nordwesten von der N341 Richtung Agua Amarga abbiegen. Nach 6,4 km am Ortsanfang halbrechts dem Wegweiser Hotel Family folgen. Noch 100 m bis zum Platz.
Koordinaten: 36° 56,30' Nord, 1° 56,19' West.
Koordinaten: 36° 56' 18" Nord, 1° 56' 12" West.

Gaststätte und Häuser am Platz.
Teilweise Blick auf das Meer.
Breiter Sandstrand am Platz.
Müllbehälter am Strand.
Ganzjährig zugänglich.
Wohnmobile oft anzutreffen.
4 Minuten Fußweg zur Ortsmitte.
Fahrt durch das Naturschutzgebiet Cabo de Gata.
Keine Parkgebühr.
Ebene, feste Stellflächen für 10 Wohnmobile.
Kein Schatten.

04115 Rodalquilar (Almeria) Playa del Playazo **** CA-2

Befestigter **Parkplatz** in einer Bucht im Parque Natural Cabo de Gata in sehr ruhiger und sehr schöner Lage.

Von der Ausfahrt Campohermoso (487) der A7 Richtung Campohermoso fahren und nach 2,7 km im Ort im Kreisel rechts Richtung Almeria abbiegen. Nach 100 m im Kreisel links Richtung Las Negras/Cabo de Gata fahren. Nach weiteren 13,5 km rechts Richtung San José abbiegen und nach 1,9 km links dem Wegweiser Playa del Playazo folgen. Noch 2 km auf schmaler, betonierter Straße bis zum Platz.
Koordinaten: 36° 51,70' Nord, 2° 00,41' West.
Koordinaten: 36° 51' 42" Nord, 2° 00' 24" West.

Castello am Platz.
Blick auf das Meer und die Felsenküste.
Sandstrand am Platz.
Müllcontainer am Platz.
Ganzjährig zugänglich. Wohnmobile oft anzutreffen.
Ausflug zum Cabo de Gata. Für große Wohnmobile wegen Engstelle im Gebirge nicht zu empfehlen.
Fahrt nach Almeria.
Keine Parkgebühr.
Leicht schräge und ebene, befestigte Stellflächen für 10 Wohnmobile.
Kein Schatten.

03560 La Isleta (Almeria) Playa des Penon** CA-3

Zwei befestigter **Parkplätze** in einer Bucht im Parque Natural Cabo de Gata in sehr ruhiger und schöner Lage.

Von San José Richtung Almeria fahren und rechts Richtung Las Negras abbiegen. 6,6 km nach der Abzweigung rechts Richtung La Isletta und nach 600 m links zum oberen Parkplatz abbiegen.
Koordinaten: 36° 48,90' Nord, 2° 03,10' West.
Koordinaten: 36° 48' 54" Nord, 2° 03' 06" West.

Häuser am Platz.
Blick auf das Meer und die Felsenküste.
Sand- und Kiesstrand am unteren Platz.
Müllcontainer am Platz.
Ganzjährig zugänglich.
Ausflug zum Cabo de Gata. Für große Wohnmobile wegen Engstelle im Gebirge nicht zu empfehlen.
Fahrt nach Almeria.
Keine Parkgebühr.
Leicht schräge und schräge, befestigte Stellflächen für 20 Wohnmobile.
Kein Schatten.

04118 Los Escullos (Almeria) Playa del Arco*** CA-4

Steiniger **Parkplatz** am Strand im Parque Natural Cabo de Gata in sehr ruhiger und schöner Lage.

Von San José Richtung Almeria fahren und rechts Richtung Las Negras abbiegen. 4,8 km nach der Abzweigung rechts Richtung Playa del Arco abbiegen. Zum Parkplatz am Felsen 500 m weiter fahren (200 m schlechte Wegstrecke).
Koordinaten: 36° 47,82' Nord, 2° 03,81' West.
Koordinaten: 36° 47' 48" Nord, 2° 03' 47" West.

Kies- und Felsstrand am Platz.
Einsame Lage.
Ganzjährig zugänglich.
Ausflug zum Cabo de Gata. Für große Wohnmobile wegen Engstelle im Gebirge nicht zu empfehlen.
Fahrt nach Almeria.
Keine Parkgebühr.
Leicht schräge, steinige Stellflächen für 20 Wohnmobile.
Kein Schatten.
Für große Wohnmobile nicht geeignet.

04118 Los Escullos (Almeria) Privater Platz*** CA-5

Befestigter privater **Übernachtungsplatz** am Strand im Parque Natural Cabo de Gata in sehr ruhiger und schöner Lage.

Von San José Richtung Almeria fahren und rechts Richtung Las Negras abbiegen. 4,8 km nach der Abzweigung rechts Richtung Playa del Arco abbiegen. Nach 200 m links zum privaten Parkplatz abbiegen. Zum Ausweichparkplatz am Felsen 500 m weiterfahren (200 m schlechte Wegstrecke).
Koordinaten: 36° 48,30' Nord, 2° 03,85' West.
Koordinaten: 36° 48' 18" Nord, 2° 03' 51" West.

Kies- und Felsstrand am Platz.
Ganzjährig zugänglich.
Ausflug zum Cabo de Gata. Für große Wohnmobile wegen Engstelle im Gebirge nicht zu empfehlen.
Fahrt nach Almeria.
Parkgebühr in der Saison.
Tor meistens geöffnet.
Ebene und leicht schräge befestigte Stellflächen für 20 Wohnmobile.
Kein Schatten.

San José (Almeria) Ortsparkplatz* CA-6

Geschotterter **Parkplatz** im Ort im Parque Natural Cabo de Gata in ruhiger Lage.

Von Almeria Richtung Cabo de Gata fahren und Richtung San José abbiegen (ALP202). Nach 7,5 km halblinks Richtung San José fahren. Nach weiteren 7,7 km – 600 m nach dem Ortsanfang – links zum Parkplatz abbiegen. Zum Strand nach weiteren 100 m links abbiegen (Playa de San José) und nach 200 m rechts zu den Strandparkplätzen in einer Sackgasse abbiegen (Pkw-Parkflächen).
Koordinaten: 36° 45,80' Nord, 2° 06,60' West.
Koordinaten: 36° 45' 49" Nord, 2° 06' 36" West.

Gaststätten in der Nähe (am Hafen).
Häuser am Platz.
Feiner, breiter Sandstrand in der Nähe.
Ganzjährig zugänglich.
5 Minuten Fußweg zur Ortsmitte.
Ausflug zum Cabo de Gata. Für große Wohnmobile wegen Engstelle im Gebirge nicht zu empfehlen.
Fahrt nach Almeria.
Keine Parkgebühr.
Ebene und leicht schräge, befestigte Stellflächen für 10 Wohnmobile. Kein Schatten.
Parkplätze für Pkw in der Sackgasse zum Strand.

04150 El Cabo de Gata (Almeria) Fischerhafen** CA-7

Zwei befestigte **Parkflächen** am Strand und Fischerhafen im Parque Natural Cabo de Gata in ruhiger Lage.

Von der Abweigung San José Richtung Cabo de Gata fahren und nach 4,1 km im Kreisel am Ortsrand El Cabo de Gata links Richtung Playa/Salinas/Faro fahren. Noch 200 m bis zu den Parkflächen rechts und links.
Koordinaten: 36° 46,82' Nord, 2° 14,49' West.
Koordinaten: 36° 46' 48" Nord, 2° 14' 29" West.

Gaststätte, Supermarkt, Häuser und Torre am Platz.
Feiner Kiesstrand am Platz.
Stranddusche, Spielplatz und Müllcontainer am Platz.
Kleine Fischerboote am Strand. Fischverkauf.
Ganzjährig zugänglich. Wohnmobile oft anzutreffen.
3 Minuten Fußweg zur Ortsmitte.
Salinen in der Nähe.
Ausflug zum Cabo de Gata. Für große Wohnmobile wegen Engstelle im Gebirge nicht zu empfehlen.
Angeln im Meer.
Fahrt nach Almeria.
Keine Parkgebühr.
Ebene, befestigte Stellflächen für 20 Wohnmobile.
Kein Schatten.

04150 San Miguel (Almeria) Playa La Fabriquilla** CA-8

Geschotterter **Parkplatz** am Strand vor den Felsen im Parque Natural Cabo de Gata in ruhiger und schöner Lage.

Von El Cabo de Gata Richtung Cabo de Gata fahren und 3,4 km nach El Cabo de Gata geradeaus und gleich links zum Parkplatz abbiegen.
Koordinaten: 36° 44.31' Nord, 2° 12,50' West.
Koordinaten: 36° 44' 17" Nord, 2° 12' 31" West.

Gaststätte und Häuser am Platz.
Kiesstrand am Platz.
Stranddusche, Spielplatz und Müllcontainer am Platz.
Ganzjährig zugänglich.
Salinen in der Nähe.
Ausflug zum Cabo de Gata. Für große Wohnmobile wegen Engstelle im Gebirge nicht zu empfehlen.
Fahrt nach Almeria.
Keine Parkgebühr.
Stellmöglichkeiten für 10 Wohnmobile.
Ebene, geschotterte Stellflächen. Kein Schatten.
Weitere Parkmöglichkeiten zwischen Straße und Strand.

04131 **Retamar (Almeria)** Playa de Torre Garcia **** CA-9

Befestigte **Parkflächen** am **Strandparadies** im Parque Natural Cabo de Gata in sehr ruhiger und sehr schöner Lage.

Von der Ausfahrt Cabo de Gata (460) der A7 Richtung Cabo de Gata fahren und nach 2,6 km im Kreisel links Richtung Cabo de Gato abbiegen (N344). Nach weiteren 3,4 km im Kreisel halblinks Richtung Cabo de Gata fahren. Nach 1,2 km rechts Richtung Torre Garcia abbiegen (schmale, betonierte Straße). Nach 1,8 km auf den befestigten Strandweg rechts oder links abbiegen und zu einer Parkbucht fahren. Bei Anfahrt von San José 5,9 km nach der Abzweigung Cabo de Gata links Richtung Torre de Garcia abbiegen. Dann wie oben.
Koordinaten: 36° 49,48' Nord, 2° 18,02' West.
Koordinaten: 36° 49' 32" Nord, 2° 18' 01" West.

Etwas einsame Lage.
Sand- und Kiesstrand an den Parkbuchten.
Müllcontainer an den Plätzen.
Ganzjährig zugänglich.
Ermita de Torre Garcia (kleine Kirche) und Torre am Strand.
Angeln im Meer.
Fahrt nach Almeria.
Ausflug zum Naturschutzgebiet Cabo de Gata.
Keine Parkgebühr.
Ebene, befestigte Stellflächen für 50 Wohnmobile in Parkbuchten auf 2 km Länge.
Kein Schatten.

04711 **Almerimar (Almeria)** Hafen ** CA-10

Asphaltierte **Übernachtungsplätze** auf einem Parkstreifen am Hafen in ruhiger Lage.

Von der Autobahn N340 zur Küste Richtung Almerimar abbiegen. Im Ort den Wegweisern zum Hafen folgen (**Calle del Mar de Alborán**). Am Hafen auf die Mole zu den gekennzeichneten Stellplätzen fahren.
Koordinaten: 36° 41,72' Nord, 2° 47,27' West.
Koordinaten: 36° 41' 43" Nord, 2° 47' 16" West.

Sportboothafen am Platz. Häuser in der Nähe.
Ver- und Entsorgung am Platz.
Stromanschluss möglich.
WC und Dusche in der Nähe.
8 Minuten Fußweg zur Ortsmitte.
Ganzjährig zugänglich. Aufenthalt 72 Stunden.
Angeln im Meer.
Fahrt nach Almeria.
Ausflug zum Naturschutzgebiet Cabo de Gata.
Parkgebühr: 8 € für 24 Stunden, 11 € alles inklusive.
Asphaltierte Stellflächen für 20 Mobile.
Kein Schatten.
Informationen: Tel. +34 9 50 60 77 55.

04700 Guardeas Viejas (Almeria) Playa Limpia Süd ** CA-11

Feste **Parkfläche** am Strand in ruhiger und schöner Lage.

Von der Ausfahrt Balanegro (400) der A7 Richtung Balanegro fahren und nach 1,2 km im Kreisel links Richtung Balerma abbiegen. Durch Balerma und Guardeas fahren und nach weiteren 9 km rechts zum Parkplatz abbiegen. Noch 100 m.
Koordinaten: 36° 42,03' Nord, 2° 51,07' West.
Koordinaten: 36° 42' 02" Nord, 2° 51' 04" West.

Häuser am Platz.
Blick auf das Meer.
Fels- und Kiesstrand am Platz.
Müllbehälter am Platz.
Ganzjährig zugänglich.
Angeln im Meer.
Fahrt nach Almeria.
Ausflug zum Naturschutzgebiet Cabo de Gata.
Keine Parkgebühr.
Leicht schräge, feste Stellflächen
für 10 Wohnmobile.
Kein Schatten.
Ausweichparkplatz am Meer Richtung Almerimar.

04700 Guardeas Viejas (Almeria) Playa Limpia Nord ** CA-12

Feste **Parkfläche** am Strand in ruhiger und schöner Lage.

Von der Ausfahrt Balanegro (400) der A7 Richtung Balanegro fahren und nach 1,2 km im Kreisel links Richtung Balerma abbiegen. Durch Balerma fahren und nach weiteren 7,4 km vor Guardeas Viejas rechts zum Parkplatz abbiegen.
Koordinaten: 36° 42,20' Nord, 2° 50,20' West.
Koordinaten: 36° 42' 13" Nord, 2° 50' 11" West.

Häuser und Kastell in der Nähe.
Blick auf das Meer.
Fels- und Kiesstrand am Platz.
Ganzjährig zugänglich.
Angeln im Meer.
Fahrt nach Almeria.
Ausflug zum Naturschutzgebiet Cabo de Gata.
Keine Parkgebühr.
Leicht schräge, feste Stellflächen
für 20 Wohnmobile.
Kein Schatten.
Wohnmobilverbote in Almerimar.

04712 **Balerma (Almeria)** Playa Limpia Süd** CA-13

Feste **Parkfläche** am Strand mit Büschen am Rand in ruhiger und schöner Lage.

Von der Ausfahrt Balanegro (400) der A7 Richtung Balanegro fahren und nach 1,2 km im Kreisel links Richtung Balerma abbiegen. Durch Balerma fahren und nach weiteren 6 km – 4,6 km nach dem Ortsanfang Balerma – rechts zum Parkplatz abbiegen.
Koordinaten: 36° 43,40' Nord, 2° 52,79' West.
Koordinaten: 36° 43' 24" Nord, 2° 52' 47" West.

Häuser in der Nähe.
Teilweise Blick auf das Meer.
Sand- und Kiesstrand am Platz.
Müllbehälter am Platz.
Toilettenhäuser am Strand.
Ganzjährig zugänglich.
Fahrt nach Almeria.
Ausflug zum Naturschutzgebiet Cabo de Gata.
Keine Parkgebühr.
Ebene, feste Stellflächen für 20 Wohnmobile.
Kein Schatten.
Weitere Stellflächen am Strand auf 2 km Länge.

04712 **Balerma (Almeria)** Playa Limpia Nord* CA-14

Feste **Parkfläche** am Strand in ruhiger und schöner Lage.

Von der Ausfahrt Balanegro (400) der A7 Richtung Balanegro fahren und nach 1,2 km im Kreisel links Richtung Balerma abbiegen. Nach weiteren 1,4 km am Ortsanfang Balerma links zum Parkplatz abbiegen.
Koordinaten: 36° 56,28' Nord, 2° 56,19' West.
Koordinaten: 36° 56' 17" Nord, 2° 56' 11" West.

Häuser am Platz.
Sand- und Kiesstrand am Platz.
Müllbehälter am Platz.
Toilettenhäuser in der Nähe.
Ganzjährig zugänglich.
Fahrt nach Almeria.
Ausflug zum Naturschutzgebiet Cabo de Gata.
Keine Parkgebühr.
Ebene, feste Stellflächen für 20 Wohnmobile.
Kein Schatten.

An der Sonnenküste

Costa del Sol

Tour 10

Warmes Meer, endlose Sandstrände und immer Sonne – das sind die Eigenschaften der 160 Kilometer langen Küste der Provinz Malaga, und das sind auch die Ursachen für die touristische „Völkerwanderung" der Nord- und Mitteleuropäer während des ganzen Jahres. Die ständige leichte Meeresbrise lässt den Sonnenschein auch während der heißen Jahreszeit ertragen. Die Winter sind mild, denn die Gebirgskette im Norden schützt die Küste vor den kalten Winden.

Jährlich mehr Touristen suchen an der Costa del Sol das Winterparadies. Der Bauboom für Reihenhaussiedlungen, Apartmenthäuser, Hotels und flächendeckende Urbanisationen mit vielen Straßen und Promenaden ist ungebremst. Für den Wohnmobiltouristen bleibt nur wenig Raum an der Küste. Doch man findet immer noch lauschige Plätze zur Erholung und zum Übernachten. Südlich von Nerja entdecken wir überraschend einen Stellplatz für Wohnmobile mit Ver- und Entsorgung (**CS-1**). Leider ist der Platz nicht immer geöffnet. In den Ortschaften El Rosario und Mezqitilla gibt es in der Nähe des Strandes zwei größere Plätze, die zum Aufenthalt genutzt werden können (CS-2 und **CS-3**). In La Caleta de Vélez sind zwei Plätze am Hafen und am Strand für einen Aufenthalt gut geeignet (CS-4 und CS-5). Der feinsandige Strand setzt sich bis Torre del Mar, einer alten griechischen Siedlung, fort. Wir fahren vier Kilometer nördlich und besuchen **Vélez Málaga**, überragt von einer beeindruckenden maurischen Burgruine. Sehenswert sind auch die gotische Kirche San Juan Batista, die Kirche Santa Maria, westgotischen Ursprungs, und die Wallfahrtskirche Virgen de Los Remedios. An vielen Stellen haben wir einen phantastischen Ausblick auf die Küste und das Meer.

Auf unserer Fahrt nach Westen sehen wir Wohnmobile an einem langgestreckten Strand bei Almayate stehen (CS-6). Leider führt die Küstenstraße unmittelbar am Strand entlang. Wir fahren weiter und übernachten in Rincon de la Victoria neben einer guten Zeltgaststätte am Strand (CS-7). Am Wochenende muss man hier mit einem großen Schwarm Ausflügler aus der Großstadt

Am Strand von Marbella

Malaga rechnen. Ein schöner Parkplatz liegt unterhalb der Küstenstraße (CS-8). Weit schweift der Blick über das Meer und die Küste bis Malaga. Wer sich von den Verkehrsgeräuschen nicht stören lässt, hat hier an der felsigen Küste einen guten Aufenthaltsort.

In **Malaga** finden wir keinen geeigneten Übernachtungsplatz und weichen deshalb auf einen Campingplatz am Meer aus. Malaga besitzt einen großen Handelshafen und einen internationalen Flughafen als Eingangstor nach Andalusien für die nicht abreißenden Touristenströme.

Schon im 8. Jahrhundert v. Chr. errichteten die Phönizier den Handelsstützpunkt Malaca. Noch in vorchristlicher Zeit kamen die Griechen und die Karthager dazu und trieben umfangreichen Handel im Mittelmeer mit Wein, Olivenöl, Rosinen, Getreide und gepökeltem Fisch. Die Römer eroberten in den punischen Kriegen das Gebiet, bis sie von den Westgoten abgelöst wurden. Nach der maurischen Eroberung wurde die Stadt dem Kalifat Córdoba angegliedert. Heute gehört die Provinz Malaga zu dem autonomen Gebiet Andalusien.

Die Festung **Alcazaba**, auf einem Hügel über der Stadt erbaut, zählt zu den bedeutendsten maurischen Festungen auf europäischem Boden. Ein doppelter Mauerring mit mehreren Rechtecktürmen umschließt mehrere Tore, Türme, maurische Gärten, Paläste und die Burg. Von den Zinnen und den Terrassen haben wir ständig schöne **Panoramablicke** auf den Hafen und das Meer. Am Fuß der Festung liegt das römische Theater. Das **Castillo de Gibralfaro** stammt aus dem 14. Jahrhundert und ist mit der Alcazaba durch eine Wehrmauer verbunden. Von hier aus haben wir wunderbare **Panoramablicke** auf die Stadt, den Hafen und die Alcazaba.

Weitere Sehenswürdigkeiten in Malaga sind die gotische Kathedrale mit dekorativen Hängekuppeln und dem geschnitzten Chorgestühl, die rechteckige Kirche El Sagrario mit einem wunderbaren Seitenportal und das Santuario de la Virgen de la Victoria aus dem 15. Jahrhundert mit dem hochbarocken Hauptaltar und der Krypta. In der Umgebung lädt der wunderbare Garten **Finca de la Conception** mit Wasserfällen, reißenden Bächen, Teichen und einem Tropenwald zu einem Besuch ein. Der Parque ornitológico, Jardin histórico, ein Vogelpark und historischer Garten bei El Retiro wurden im 17. Jahrhundert von dem Bischof von Malaga gegründet.

Die Weine Malagas waren schon in der Antike berühmt. Heute werden sie als süße Dessert-Weine mit einem Alkoholgehalt zwischen 15 und 23% geschätzt. Uns sind diese Weinsorten allerdings zu süß und wir greifen lieber zu dem tiefdunklen vino tinto.

Ein riesiges Parkgelände westlich von Malaga lädt uns zu einem Strandaufenthalt ein (CS-9). Am Yachthafen von **Torremolinos** besteht die Möglichkeit, die Parkflächen für eine Übernachtung zu nutzen (CL-10). Gaststätten und Geschäfte sind ganz in der Nähe. Ein Bummel durch den Touristenort bringt uns viel Abwechslung. Sehenswert in dem Touristenzentrum sind das alte Viertel El Calvario, der Torre de Pimental, Turm einer alten Mühle, und die neoklassizistische Kirche Iglesia de San Miguel. Der attraktivste Teil von Torrelominos ist das alte Fischerviertel La Carihuela. Als Kontrast zu den vielen Hochhaussilos entdecken wir hier enge Gassen, alte niedrige Bauten und hervorragende Fischgaststätten.

Am Chiringuito-Strand

Auf den Meerespromenaden nach Ost und West genießen wir auf langen Spaziergängen den sauberen Strand und die Blicke auf das Meer. Abends fahren wir zum Chiringuito-Strand am Rand der Stadt und übernachten in

In Marbella

einer reizvollen, vom Trubel verschonten Umgebung (CS-11). Mehrere Kollegen, sogar ein Pkw-Tourist mit Dachzelt, haben hier bereits ihr Nachtquartier an diesem **Strandparadies** aufgeschlagen.

Auf der Fahrt nach Westen sind bis Marbella kaum Lücken in der Bebauung und keine Parkplätze am Strand zu finden. Lediglich in Las Chapas entdecken wir zwei ruhige Strandparkplätze (CS-12). Kurz vor Marbella können drei kleine Mobile auch am Strand an einer Gaststätte übernachten (CS-13).

Marbella ist die Hochburg des Tourismus an der Costa del Sol, besitzt aber trotzdem eine kleine Altstadt mit einer mediterranen-orientalischen Atmosphäre, schmalen, gewundenen Gassen und vielen guten Geschäften und Restaurants, die **Casco Antiguo**. Wir fühlen uns in diesem alten Kern wohl. Auf dem Weg zur Strandpromenade durchqueren wir den Parque de la Alameda, einen kleinen botanischen Garten mit sehenswerten keramischen Sitzbänken und die Avenida del Mar, einen kurzen, breiten Boulevard, geschmückt mit vielen Skulpturen von Salvador Dalí.

Am östlichen Ortsende von San Pedro de Alcántara sind viele asphaltierte Parkflächen am Strand eingerichtet worden (CS-14). Hier findet jeder Wohnmobiltourist seinen Bade- und Schlafplatz. Aus römischer Zeit sind die Villa Romana de Rio Verde, die Termas Romanas de Guadalmina und die Basilica de Vega del Mar zu besichtigen.

Ein Höhepunkt unsere Reise an der Costa del Sol ist **Ronda**, 50 Kilometer von der Küste entfernt hoch über einer steilen Schlucht gelegen. Die eindrucksvolle Lage zu beiden Seiten der tiefen Schlucht und die hohe, berühmte Brücke über den Guadalevin haben Ronda zu einer bekannten Stadt gemacht. Wir schlendern durch die beiden Ortsteile, kaufen einige Souvenirs, bewundern die Puente Nuevo, ein Meisterwerk des 18. Jahrhunderts, erleben den **Panoramablick** über die Berge der Serrania de Ronda und besichtigen den Palacio del Marqués de Salvatierra mit dem skulpturenreichen Portal, die maurischen Bäder, den Palacio de Mondragón mit einem zauberhaften Innenhof im mudéjaren Stil und die Plaza de Toros.

Ronda

Ronda

Leider finden wir keinen geeigneten Übernachtungsplatz in der Stadt und parken deshalb am Tage auf einem kleinen privaten Platz. Aber einige Kilometer auf der Straße nach San Pedro kann man an zwei Gaststätten gut essen und auf großen Parkplätzen übernachten (CS-15).

Am Cesares Playa

Die nächste Touristenhochburg an der Costa del Sol ist Estepona. Östlich des Ortes an der Dominion Beach kann man an dem etwas verwahrlosten Strand übernachten (CS-16). Als Alternative ist der Parkplatz am Palacio de Exposiciones y Congresos zu benutzen (CS-17). Allerdings ist der Strand 15 Minuten entfernt. An den langen Sandstränden stehen noch einige Wachttürme aus dem Mittelalter.

Das alte Viertel von Estepona hat seine Ursprünglichkeit als typisches andalusisches Dorf bewahrt. Sehenswert sind auch der malerische Platz Plaza de las Flores, die Ruinen der maurischen Festung und die Kirche Iglesia de Nuestra Senora de los Remedios mit ihrem wunderschönen barocken Portal.

Bei San Luis de Sabinillas endet die Costa del Sol und die Provinz Malaga. Im Westen schließen sich die Provinz Cádiz und die Costa de la Luz, die Küste des Lichts, an. Am Strand des kleinen Ortes kann man das rollende Ferienhaus für eine Nacht abstellen (CS-18).

Am Strand von Las Chapas

Tour 10
An der Costa del Sol

Tour 10: **An der Costa del Sol**

Nr.	Ort, Bezeichnung	Stell-plätze A	Gast-haus	Häu-ser	WC	Bad See	Orts-nähe B	Ent-sorg.	Park-dauer C	Park-gebühr D
CS-1	**Nerja, Playazo ****	**50**	**+**	**+**	**-**	**+**	**x**	**+**	**T**	**P**
CS-2	Santa Rosa, Ortsparkplatz **	50	-	+	-	+	10	-	1	0
CS-3	**Mezquitilla, Caravanplatz ****	**20**	**-**	**+**	**-**	**+**	**x**	**-**	**1**	**0**
CS-4	La Caleta, Puerto Nord **	10	+	+	-	-	8	-	1	0
CS-5	La Caleta, Puerto Sud **	10	+	+	-	+	8	-	1	0
CS-6	Almayate, Niza Beach *	10	-	-	-	+	x	-	1	0
CS-7	Rincon, Playa **	5	+	+	-	+	5	-	1	0
CS-8	El Candado, Hafen *	5	-	-	-	-	x	-	1	0
CS-9	San Julian, Playa ***	50	-	+	-	+	x	-	1	0
CS-10	Torremolinos, Puerto **	10	+	+	-	-	8	-	1	0
CS-11	Torremolinos, Chiringuito Playa ***	10	+	+	-	+	x	-	1	0
CS-12	Las Chapas, Simbad el Marino ***	10	+	+	-	+	x	-	1	0
CS-13	Marbella-El Rosario, Los Sardinales	3	+	-	-	+	x	-	1	0
CS-14	San Pedro, Playa de San Pedro **	20	+	+	-	+	15	-	1	0
CS-15	Ronda, La Serrannia **	10	+	-	-	-	x	-	1	0
CS-16	Estepona, Dominion Beach ***	5	-	-	-	+	x	-	1	0
CS-17	Estepona, Palacio de Congresos **	5	-	+	-	-	15	-	1	0
CS-18	San Luis, Cesares Playa **	5	-	+	-	+	15	-	1	0

Legende

****	sehr ruhige und sehr schöne Lage.
***	sehr ruhige und schöne Lage.
**	ruhige und gute Lage.
*	keine ruhige Lage.
A	Stellplätze gestaffelt nach 3, 5, 10, 20, 30, 50 Wohnmobilen. Dabei wird angenommen, dass nur die Hälfte des Platzes zur Verfügung steht und die andere Hälfte durch Pkws belegt ist.
B	Fußweg in Minuten, x über 15 min Fußweg.
C	Aufenthaltsdauer in Tagen.
D	Stellplatzgebühr in Euro pro Wohnmobil und 24 Stunden oder Parkgebühr.
P	Parkgebühr in der Saison.
T	Aufenthaltsdauer einige Tage.
U	Aufenthaltsdauer unbegrenzt.
fett	Wohnmobil-Stellplatz
(gelb)	Parkplatz
(grün)	Wohnmobil-Stellplatz

29780 Nerja (Malaga) Wohnmobilplatz Playazo ** CS-1

Eingezäunter **Wohnmobilplatz** am Strand und am Ortsrand in guter Lage.

Bei Anfahrt aus dem Westen von der N340/A7 Richtung Nerja fahren und im Kreisel vor Nerja rechts Richtung Nerja Oeste abbiegen. Nach 1,5 km – 1,2 km nach dem Ortsende Nerja – links dem Wohnmobil-Symbol folgen.
Koordinaten: 36° 44,71' Nord, 3° 54,00' West.
Koordinaten: 36° 44' 43" Nord, 3° 54' 00" West.

Tor vor dem Platz. Geöffnet nach Bedarf.
Gaststätte und Häuser am Platz.
Ver- und Entsorgung am Platz. Gebühr.
Sandstrand am Platz.
Schwimmen, Surfen und Wassersport.
Angeln vom Strand.
Bushaltestelle am Platz.
Besichtigung von Nerja: Balcón de Europa,
Cueva de Nerja, Iglesia de El Salvador.
Ausflug nach Malaga.
Ausflug zu den weißen Dörfern.
Parkgebühr.
Asphaltierte, ebene Stellflächen für 50 Wohnmobile.
Kein Schatten.
Zugänglich nur in der Saison.
Ausweichparkplätze hinter dem Restaurant.

Santa Rosa (Malaga) Ortsparkplatz ** CS-2

Grobsteiniger **Großparkplatz** am Strand und im Ort in ruhiger Lage.

Bei Anfahrt aus dem Westen von der N340a 1 km nach dem Ortsende El Morche in Santa Rosa zum Parkplatz abbiegen und bis zum Strand durchfahren (200 m).
Koordinaten: 36° 43,97' Nord, 3° 58,31' West.
Koordinaten: 36° 43' 58" Nord, 3° 58' 19" West.

Strandbar und Häuser am Platz.
Sandstrand am Platz.
Schwimmen, Surfen und Wassersport.
Angeln vom Strand.
Besichtigung von Nerja: Balcón de Europa,
Cueva de Nerja, Iglesia de El Salvador.
Ausflug nach Malaga.
Ausflug zu den weißen Dörfern.
Keine Parkgebühr.
Ebene und unebene, sehr steinige Stellflächen
für 50 Wohnmobile.
Wenig Schatten.
Ganzjährig zugänglich.
10 Minuten Fußweg zur Ortsmitte.

Mezquitilla (Malaga) Caravanplatz** CS-3

Übernachtungsplatz im Ort in ruhiger Lage.

Von der N340/A7 Richtung La Caleta abbiegen. Nach 2 km im Kreisel links Richtung Mezquitilla/ Nerja fahren (N340a). Nach 2,4 km links zum Platz abbiegen.
Koordinaten: 36° 44,73' Nord, 4° 02,77' West.
Koordinaten: 36° 44' 44" Nord, 4° 02' 46" West.

Häuser am Platz.
Durchgangsstraße in der Nähe.
Sandstrand in 200 m Entfernung.
Schwimmen, Surfen und Wassersport.
Angeln vom Strand.
Besichtigung von Nerja: Balcón de Europa, Cueva de Nerja, Iglesia de El Salvador.
Ausflug nach Malaga. Ausflug zu den weißen Dörfern.
Keine Parkgebühr.
Ebene Stellflächen auf befestigtem Gelände für 20 Wohnmobile oder Caravan.
Kaum Schatten.
Ganzjährig zugänglich.
Auch für Caravan zugelassen.

29749 La Caleta de Vélez (Malaga) Puerto Nord** CS-4

Parkplatz am nördlichen Hafen in ruhiger und schöner Lage.

Von der Küstenstraße (N340a) in La Caleta Richtung Puerto de La Caleta de Véldez abbiegen. Nach 100 m links fahren. Am südlichen Platz vorbeifahren und nach 700 m rechts und gleich wieder links zum Platz abbiegen.
Koordinaten: 36° 44,90' Nord, 4° 03,94' West.
Koordinaten: 36° 44' 54" Nord, 4° 03' 56" West.

Häuser am Platz. Gaststätten in der Nähe.
Hafenblick vom Platz.
Ganzjährig zugänglich.
8 min Fußweg zur Ortsmitte.
Besichtigung von Malaga: Alcazaba, Teatro romano, Castillo de Gibralfaro, Catedral, Santuario de la Virgen de la Victoria, Finca de la Conceptión, Museo Arqueológico.
Fahrt nach Nerja.
Keine Parkgebühr.
Asphaltierte, ebene Parkflächen für 10 Wohnmobile.
Kein Schatten.

29749 La Caleta de Vélez (Malaga) Puerto Sud** CS-5

Parkplatz am südlichen Hafen in ruhiger und schöner Lage.

Von der Küstenstraße (N340a) in La Caleta Richtung Puerto de La Caleta de Véldez abbiegen. Nach 100 m links fahren. Noch 50 m bis zum Platz links.
Koordinaten: 36° 44,94' Nord, 4° 04,32' West.
Koordinaten: 36° 44' 56" Nord, 4° 04' 19" West.

Häuser am Platz. Gaststätten in der Nähe.
Meeresblick vom Platz.
Sandstrand in der Nähe.
Ganzjährig zugänglich. Wohnmobile oft anzutreffen.
Besichtigung von Malaga: Alcazaba,
Teatro romano, Castillo de Gibralfaro,
Catedral, Santuario de la Virgen de la Victoria,
Finca de la Conceptión, Museo Arqueológico.
Fahrt nach Nerja.
Keine Parkgebühr.
Befestigte, ebene Parkflächen für 10 Wohnmobile.
Etwas Schatten durch Palmen.

29749 Almayate (Malaga) Niza Beach* CS-6

Parkflächen am Strand in schöner Lage.

Von der Schnellstraße N340 Richtung Costa/Benajarafe abbiegen (N340a) und nach 2,4 km an der Küste links Richtung Almeria fahren (N340a). Durch Carretera fahren und nach weiteren 7,0 km rechts zum Parkstreifen abbiegen. Die Piste rechts zum Parkgelände hinabfahren. Noch 100 m. Bei Anfahrt aus dem Osten 2,8 km nach dem Ortsanfang Almayate links zum Parkstreifen abbiegen.

Bar an der Zufahrt.
Meeresblick.
Küstenstraße oberhalb des Platzes.
Sand- und Steinstrand am Platz.
Ganzjährig zugänglich. Wohnmobile oft anzutreffen.
Besichtigung von Malaga: Alcazaba,
Teatro romano, Castillo de Gibralfaro,
Catedral, Santuario de la Virgen de la Victoria,
Finca de la Conceptión, Museo Arqueológico.
Fahrt nach Nerja.
Keine Parkgebühr.
Unbefestigte Parkflächen für 10 Wohnmobile.
Kein Schatten.

29720 Rincon de la Victoria (Malaga) Playa ** CS-7

Kleiner **Parkplatz** am Strand in sehr ruhiger und schöner Lage.

Von der Schnellstraße N340 Richtung Costa/Benajarafe abbiegen (N340a) und nach 2,4 km an der Küste rechts Richtung Rincon fahren. Nach weiteren 3,4 km auf die Piste Richtung Meer abbiegen. Nach 100 m am Meer rechts fahren (schmale, aber gute Zufahrt). Noch 200 m bis zu den Plätzen vor und nach der Gaststätte am Strand.

Gaststätte und Häuser am Platz.
Meeresblick.
Sandstrand am Platz.
Müllcontainer am Platz.
Ganzjährig zugänglich.
Wohnmobile oft anzutreffen.
5 Minuten Fußweg zur Ortsmitte.
Besichtigung von Malaga: Alcazaba,
Teatro romano, Castillo de Gibralfaro, Catedral,
Santuario de la Virgen de la Victoria,
Finca de la Conceptión, Museo Arqueológico.
Fahrt nach Nerja.
Keine Parkgebühr.
Befestigte, ebene Stellflächen für 5 Wohnmobile.
Kein Schatten.

29018 El Candado (Malaga) Hafen * CS-8

Parkplatz mit kleinen Bäumen an der Küste in sehr schöner Lage.

Bei Anfahrt aus dem Westen von der Küstenstraße 5 km östlich von Malaga rechts dem Parkplatz-Schild folgen. Noch 100 m bis zum Platz unterhalb der Straße. Bei Anfahrt aus dem Osten 2 km nach der Abfahrt La Cala del Moral links dem Parkplatz-Schild folgen.
Koordinaten: 36° 42,76' Nord, 4° 19,18' West.
Koordinaten: 36° 42' 46" Nord, 4° 19' 11" West.

Kleiner Sportboothafen in der Nähe.
Meeresblick. Felsenküste am Platz.
Promenade und Bänke am Platz.
Kleiner Sandstrand in der Nähe (200 m).
Müllbehälter am Platz.
Verkehrsgeräusche durch nahe Straße.
Ganzjährig zugänglich.
Besichtigung von Malaga: Alcazaba,
Teatro romano, Castillo de Gibralfaro, Catedral,
Santuario de la Virgen de la Victoria,
Finca de la Conceptión, Museo Arqueológico.
Fahrt nach Torremolinos, Fuengirola
und Benalmádena.
Keine Parkgebühr.
Asphaltierte, ebene Stellflächen für 5 Wohnmobile.
Etwas Schatten.durch junge Bäume.

San Julián-Gualdamar (Malaga) Playa *** CS-9

Großes **Parkgelände** an der Küste in sehr ruhiger und schöner Lage.

Von der N340 (Marbella-Malaga) 2 km südwestlich von Malaga Richtung St Julián abbiegen. Nach 100 m im Kreisel geradeaus fahren und nach weiteren 100 m im Kreisel rechts abbiegen. Nach weiteren 400 m links fahren (**Calle de Dona Clarines**). Noch 900 m bis zur Einfahrt rechts.
Koordinaten: 36° 39,77' Nord, 4° 27,61' West.
Koordinaten: 36° 39' 46" Nord, 4° 27' 37" West.

Häuser in der Nähe. Teilweise Meeresblick.
Sehr breiter Sandstrand am Platz.
Stranddusehen in der Nähe.
Müllbehälter am Platz.
Ganzjährig zugänglich. Wohnmobile oft anzutreffen.
Keine Caravans und Zelte.
Besichtigung von Malaga: Alcazaba,
Teatro romano, Castillo de Gibralfaro, Catedral,
Santuario de la Virgen de la Victoria,
Finca de la Conceptión, Museo Arqueológico.
Fahrt nach Torremolinos, Fuengirola
und Benalmádena.
Keine Parkgebühr.
Unbefestigte, etwas unebene Stellflächen
für 100 Wohnmobile.
Kein Schatten.

29620 Torremolinos (Malaga) Puerto ** CS-10

Parkplätze am Sportboothafen in ruhiger und schöner Lage.

Von der N340 Richtung Torremolinos fahren und in der Stadt von der Hauptstraße Richtung Puerto abbiegen. Nach 200 m halbrechts im Kreisel und nach weiteren 400 m links abbiegen. Noch 100 m bis zum 1. Platz und 200 m bis zu den Parkplätzen auf dem Kai rechts.
Koordinaten: 36° 35,74' Nord, 4° 30,80' West.
Koordinaten: 36° 35' 44" Nord, 4° 30' 48" West.

Gaststätten in der Nähe. Häuser an den Plätzen.
Hafenblick. Sportboothafen am Platz.
Ganzjährig zugänglich. Wohnmobile oft anzutreffen.
8 min Fußweg zur Ortsmitte.
Besichtigung von Torremolinos: Molino de la Torre,
Strandpromenade, Paseo Marítimo,
Calle de San Miguel, Pueblo andaluz.
Fahrt nach Marbella, Fuengirola
und Benalmádena.
Ausflug nach Malaga.
Keine Parkgebühr.
Asphaltierte, ebene Stellflächen für 10 Wohnmobile.
Übernachtung nicht erlaubt, oft geduldet.
Etwas Schatten am ersten Platz.

29620 Torremolinos (Malaga) Chiringuito Playa *** CS-11

Parkgelände am östlichen Strand in sehr ruhiger und schöner Lage.

Von der N340 an der Ausfahrt Coin abfahren und Richtung Meer fahren. Nach 400 m im Kreisel rechts fahren. Noch 500 m bis zu den Plätzen rechts und links.
Koordinaten: 36° 38,85' Nord, 4° 28,50' West.
Koordinaten: 36° 38' 53" Nord, 4° 28' 30" West.

Gaststätten an den Plätzen. Häuser in der Nähe.
Meeresblick.
Breiter Sandstrand und Strandduschen am Platz.
Müllcontainer am Platz.
Ganzjährig zugänglich. Wohnmobile immer anzutreffen.
Besichtigung von Torremolinos: Molino de la Torre, Strandpromenade, Paseo Marítimo, Calle de San Miguel, Pueblo andaluz.
Fahrt nach Marbella, Fuengirola und Benalmádena.
Besichtigung von Malaga: Alcazaba, Teatro romano, Castillo de Gibralfaro, Catedral, Santuario de la Virgen de la Victoria, Finca de la Conceptión, Museo Arqueológico.
Keine Parkgebühr.
Befestigte, ebene Stellflächen für 30 Wohnmobile.
Keine Caravans und Zelte. Kein Schatten.

29600 Las Chapas (Malaga) Simbad el Marino *** CS-12

Zwei **Parkplätze** am Strand in sehr ruhiger und schöner Lage.

Bei Anfahrt aus dem Westen von Marbella 12 km nach der Namensbrücke Marbella rechts an der Ausfahrt Las Chapas abbiegen und Richtung Meer fahren. Nach 900 m die Straße kreuzen. Noch 100 m bis zum 1. Platz am Meer rechts. Zum 2. Platz an der Querstraße (Küstenstraße) links fahren. Nach weiteren 200 m wird der zweite Platz rechts am Meer erreicht.
Koordinaten: 1. Platz 36° 29,20' N, 4° 45,52' O. 2. Platz 36° 29,17' N, 4° 45,32' O.
Koordinaten: 1. Platz 36° 29' 12" N, 4° 45' 31" O. 2. Platz 36° 29' 10" N, 4° 45' 19" O.

Gaststätten an den Plätzen.
Häuser an den Plätzen.
Meeresblick.
Turmruine am 1. Platz.
Schmaler Sand- und Steinstrand am Platz.
Ganzjährig zugänglich.
Besichtigung von Marbella: Plaza de los Naranjos, Rathaus, Museo del Grabado Espanol, Puerto Banús
Fahrt nach Fuengirola und Torremolinos.
Ausflug nach Malaga.
Keine Parkgebühr.
Asphaltierte und steinige, ebene Stellflächen für 10 Wohnmobile.
Kein Schatten.

29600 Marbella-El Rosario (Malaga) Los Sardinales** CS-13

Parkplatz am Strand in sehr ruhiger Lage.

Von der N340 6 km östlich von Marbella Richtung El Rosario abbiegen. Über drei Kreisel noch 800 m bis zum Platz rechts.
Koordinaten 36° 30,48' Nord, 5° 53,81' West.
Koordinaten 36° 30' 29" Nord, 5° 53' 49" West.

Gaststätte am Platz.
Sandstrand am Platz.
Schwimmen, Surfen und Wassersport.
Angeln vom Strand.
Besichtigung von Marbella: Altstadt, Seepromenade, Skulpturenallee.
Ausflug nach Malaga.
Ausflug zu den weißen Dörfern.
Keine Parkgebühr.
Ebene Stellflächen auf befestigtem Gelände für 3 kleine Wohnmobile.
Wenig Schatten.
Ganzjährig zugänglich.

29670 San Pedro de Alcantara (Malaga) Playa de San Pedro** CS-14

Parkplätze am Strand in ruhiger und schöner Lage.

Bei Anfahrt aus dem Westen von Estepona im Kreisel östlich von San Pedro gegenüber der Straße nach Ronda (N397) rechts Richtung Playa de San Pedro und Meer abbiegen. Nach 50 m im zweiten Kreisel 2. Straße rechts abfahren. Nach 600 m am Ende der Straße rechts abbiegen. Noch 300 m bis zum Platz rechts.
Koordinaten: 36° 28,67' Nord, 4° 58,69' West.
Koordinaten: 36° 28' 40" Nord, 4° 58' 41" West.

Gaststätte in der Nähe. Häuser am Platz.
Meeresblick und Strandpromenade.
Sand- und Steinstrand am Platz.
Ganzjährig zugänglich. Wohnmobile oft anzutreffen.
15 Minuten Fußweg zur Ortsmitte.
Besichtigung von Estepona: barocke Kirche mit Konventsgebäude, Reste einer maurischen Festung und eines römischen Äquadukts.
Besichtigung von Marbella: Plaza de los Naranjos, Rathaus, Museo del Grabado Espanol, Puerto Banús.
Ausflug nach Ronda.
Ausflug nach Istán.
Keine Parkgebühr.
Asphaltierte, ebene Stellflächen für 20 Wohnmobile.
Kein Schatten.

29400 Ronda (Malaga) La Serrania ** CS-15

Parkplatz an der Straße nach Ronda in schöner Lage.

Bei Anfahrt von Ronda Richtung Marbella/San Pedro de Alcantara fahren (N397) und 2,2 km nach dem Ortsende Ronda rechts zum Platz abbiegen. Bei Anfahrt aus dem Süden von San Pedro 40,8 km nach der Abzweigung von der N340 (Malga-Algeciras) links zum Platz abbiegen.

Gaststätte am Platz. Landschaftsblick.
Ganzjährig zugänglich.
Besichtigung von Ronda: Altstadt, Puente Nuevo, Portal am Palacio del Marqués de Salvatierte, Banos Árabes, Santa Maria la Mayor, Palacio de Mondragón, Plaza de Torros.
Besichtigung von Estepona: barocke Kirche mit Konventsgebäude, Reste einer maurischen Festung und eines römischen Äquadukts.
Besichtigung von Marbella: Plaza de los Naranjos, Rathaus, Museo del Grabado Espanol, Puerto Banús.
Keine Parkgebühr.
Asphaltierte, leicht schräge Stellflächen für 10 Wohnmobile.
Kein Schatten.
Weitere große Parkplätze an der Straße Richtung San Pedro, z. B. 7 km südlich mit Gaststätte.

29680 Estepona (Malaga) Dominion Beach *** CS-16

Parkgelände am Strand in sehr ruhiger und schöner Lage.

Bei Anfahrt aus dem Osten von Marbella 10,6 km nach der Reklamebrücke Marbella/San Pedro Alcantara – 3,1 km nach der Repsol-Tankstelle links – rechts dem Wegweiser Cambio de Sentiano folgen und nach 200 m unter der N340 durchfahren. Nach weiteren 100 m im Kreisel links Richtung Malaga fahren und nach 100 m zum Platz rechts abbiegen. Auf dem Platz bis zum Ende der Piste links durchfahren. Bei Anfahrt aus dem Westen von Estepona 1,8 km nach der Ausfahrt Estepona (158) rechts von der N340 abfahren.

Strandbar am Platz.
Breiter Sandstrand am Platz.
Ganzjährig zugänglich.
Wohnmobile oft anzutreffen.
Angeln vom Strand.
Besichtigung von Estepona: barocke Kirche mit Konventsgebäude, Reste einer maurischen Festung und eines römischen Aquädukts.
Fahrt nach Marbella.
Ausflug nach Ronda.
Ausflug nach Cesares und nach Gibraltar.
Keine Parkgebühr.
Holprige, ebene Stellflächen für 5 Wohnmobile.
Kaum Schatten.

29680 Estepona (Malaga) Palacio de Exposiciones y Congresos ** CS-17

Parkplatz am Kongress-Zentrum in ruhiger Lage.

Bei Anfahrt aus dem Osten von Marbella von der N340 an der Ausfahrt Estepona (158) Richtung Estepona abfahren. Nach 800 m zum ersten Parkplatz rechts abbiegen. Zum zweiten Platz 100 m weiterfahren.

Häuser am Platz.
Supermarkt in der Nähe.
Ganzjährig zugänglich.
15 Minuten zur Ortsmitte.
Besichtigung von Estepona: barocke Kirche mit Konventsgebäude, Reste einer maurischen Festung und eines römischen Äquadukts.
Fahrt nach Marbella.
Ausflug nach Ronda.
Ausflug nach Cesares und nach Gibraltar.
Keine Parkgebühr.
Asphaltierte, ebene und leicht schräge Stellflächen für 5 Wohnmobile.
Kaum Schatten.
Am Hafen Parkverbot für Caravan.

29692 San Luis de Sabinillas (Malaga) Cesares Playa ** CS-18

Parkplatz am Strand in schöner Lage.

Bei Anfahrt aus dem Osten von Estepona 5,6 km nach der westlichen Zufahrt Estepona im Kreisel gegenüber der Straße nach Cesares (A346) links Richtung Cesares Playa abbiegen. Noch 100 m auf kurzer, abschüssiger, befestigter Piste.

Häuser und Beach-Bar am Platz.
Straße in der Nähe.
Breiter Sandstrand am Platz.
Ganzjährig zugänglich.
15 min zur Ortsmitte.
Fahrt nach Estepona und Marbella.
Ausflug nach Cesares.
Ausflug nach Ronda.
Ausflug nach Gibraltar.
Keine Parkgebühr.
Stellmöglichkeiten für 5 Wohnmobile.
Befestigte, ebene Stellflächen.
Etwas Schatten durch einige Bäume.

In Afrikas Nähe
Costa de la Luz
Tour 11

Die Costa de la Luz ersteckt sich von der Straße von Gibraltar bis zur portugiesischen Grenze. Diese atlantische Küste hat feinsandige Strände und ist besonders bei Surfern sehr beliebt. Die Wassertemperaturen liegen einige Grade unter den Temperaturen an den Mittelmeerküsten, außerdem macht sich Ebbe und Flut an diesen Stränden bemerkbar. Die Sommer sind heiß und trocken, die Winter lau mit geringen Niederschlägen.

Ein holpriges, naturbelassenes Parkgelände an einem feinsandigen Strand bei Torreguadino östlich von Sotogrande verleitet uns zum Baden und Faulenzen (CL-1). Bei Sotogrande nähert sich die Küste dem afrikanischen Kontinent. Der elegante Küstenort wird von englischen Touristen bevorzugt. Am Puerto de Sotogrande verhindert eine Schranke die Weiterfahrt, der geräumige Parkplatz ist aber zugänglich und kann für eine Übernachtung genutzt werden (CL-2).

Wir verlassen die Hauptstraße N 340 und fahren durch eine hügelige Landschaft zur Küste nach Santa Margarita. Das Parkgelände am Playas las Panavas liegt sehr ruhig am breiten Sandstrand (CL-3). Von fern grüßt uns schon der klobige Felsklotz von Gibraltar, 500 Meter über dem Meer, ein **Panoramablick**. Uns gefällt dieser Ort und wir schlagen hier unser Lager für eine Nacht auf.

Am nächsten Morgen starten wir von hier aus unseren Ausflug nach der britischen Enklave Gibraltar. Je mehr wir uns dem Kalkfelsen nähern, desto eindrucksvoller wirkt er auf uns. An der Küste von Gibraltar landeten 711 die maurischen Truppen und begannen die Eroberung des Westgotischen Reiches auf der Iberischen Halbinsel. Der Felsen war im 14. Jahrhundert Schauplatz erbitterter Kämpfe, bis es dem Herzog von Medina 1462 endgültig gelang, das südlichste Gebiet der Halbinsel für das Christentum zurückzuginnen. Nach den spanischen Erbfolgekriegen erhielten die Engländer 1713 im Frieden von Utrecht Gibraltar.

Die britische Enklave ist heute ein Schmelztiegel aller Rassen, Religionen und Kulturen. Neben Englisch und Spanisch gibt es ein Durcheinander vieler Sprachen. Die Mainstreet ist die Haupt- und Verkaufsstraße Gibraltars. Wir besichtigen die Catedral Católica de Santa Maria la Cronada und den Convento, Sitz des britischen Gouverneurs mit einer täglichen Wachablösung, und besuchen das Museo de Gibraltar, eine Fundstätte vom Neandertaler bis zu Exponaten aus dem Zweiten Weltkrieg.

Das obere Gebiet des Felsens ist für den Naturschutz reserviert, das berühmte Revier der Gibraltar-Affen, eingeführt aus Afrika von britischen Truppen im 18. Jahrhundert. Von dem Castillo árabe, der maurischen Burg aus dem 14. Jahrhundert, haben wir einen Panoramablick über die gesamte Bucht. In die Felsen wurden zur Lagerung von Munition Tunnel mit Durchblicken nach draußen gesprengt, die wir besichtigen können. Beeindruckend sind auch die kristallinen Gebilde in der Karsthöhle St. Michael's Cave. Der größte Raum in der Höhle dient heute als Konzert- und Theatersaal. Mit der Standseilbahn kommt man bequem und sicher auf den Gipfel des Felsens von Gibraltar.

Am Strand bei Tarifa

Unsere nächste Besichtigung gilt der Großstadt Algeciras, ein wichtiger Hafen Spaniens für den Passagierverkehr. Die Stadt hat an der britisch kontrollierten Straße von Gibraltar auch strategische Bedeutung. Wir beginnen unseren Bummel im städtischen Museum am Parque de las Acacias und bewundern die vielen Exponate aus römischer Zeit, Zeugnisse der Bedeutung des Hafens in der Antike. Auf dem Plaza Alta, ein typischer andalusischer Platz im Zentrum der Stadt, spüren wir die spanische Lebensfreude. Unter Palmen steht in der Mitte ein Brunnen im arabischen Stil mit reizvollen Verzierungen aus Kacheln. Am Rande des Platzes besichtigen wir die Kirche Iglesia de Nuestra Senora de la Palma aus dem 18. Jahrhundert und die barocke Kirche Iglesia de Nuestra Senora de la Aurora.

Zur Übernachtung nach dem Stadtbesuch kann man zum Vorort Gertares fahren und dort am Strand baden und in den Gaststätten einkehren (CL-4). Allerdings muss man mit leicht schrägen, asphaltierten Stellflächen vorlieb nehmen.

Am Strand bei Tarifa

Wir fahren über die südlichste Straße Europas nach Tarifa und genießen immer wieder die Ausblicke auf die felsige afrikanische Küste. An der Südspitze der Iberischen Halbinsel, 13 Kilometer von der afrikanischen Küste entfernt, liegt Tarifa, die Stadt der Winde und Surfer. Die langen, natürlichen Strände sind im ganzen Jahr ein Anziehungspunkt für die Sportler auf dem Surfbrett und für die Wohnmobilurlauber.

Hier an der südlichsten Landspitze landeten schon ein Jahr vor der Besetzung des Felsens von Gibraltar maurische Truppen, besiegten die Westgoten und eroberten in den folgenden Jahren fast die gesamte Iberische Halbinsel.
Beeindruckend ist in Tarifa das Castello de Guzmán el Bueno mit der almohadischen Mauer, dem Torre de Guzmán el Bueno und der Iglesia de Santa Maria aus dem 14. Jahrhundert, erbaut vom ersten arabischen Herrscher. Im Turm schmachtete der Sohn von Guzmán. Sein Vater zog es vor, ihn sterben zu lassen, als die Festung den Mauren zu überlassen. Weitere Sehenswürdigkeiten sind der Plaza Santa Maria, die Kirchen Iglesia Mayor Parroquial de San Mateo Apóstol und Iglesia de San Francisco und der Mirador del Estrecho, mit dem phantastischen **Panoramablick** auf die felsige Küste des afrikanischen Kontinents.

Costa de la Luz

Am Strand bei Tarifa

Die Straße nach Cádiz verläuft parallel zum Meer und ist von dem Playa de los Lances, ein **Strandparadies** für Urlauber im mobilen Ferienhaus, nur durch einen schmalen Pinienwald getrennt. Für den Aufenthalt am Strand gibt es mehrere Parkmöglichkeiten. Badende, Sonnenanbeter und Surfer mit mobilen Wohnungen sind hier immer anzutreffen. Am meisten wird der große, befestigte Parkplatz am Playa de los Lances von Wohnmobilen angefahren (CL-5). Hier steht immer eine lange Reihe von Mobilen. Am Hotel und Restaurant Arte sind weiter Parkmöglichkeiten in dem Dünengelände (CL-6). An der Windsurf Bar steht ein kleines Grasgelände als Parkplatz zur Verfügung (**CL-7**). Imbiss und Getränke liefert der Kiosk am Strand. Ein großes, aber sehr holpriges Parkgelände liegt am Ucpa Playa (CL-8). Einen weiteren Parkplatz findet man am Playa de Valdequeros in Richtung Punta Palomas (CL-9). Auch andere Tavernen und Hotels nehmen Mobile für mehrere Tage auf und versorgen das Schlafmobil mit Strom. An allen Plätze hat die Natur breite, feine Strände und lange Dünengelände geschaffen, **Strandparadiese** für alle Surfer, Schwimmer und Naturliebhaber.

Am Strand bei Tarifa

Die Küste ist ein Zentrum des Thunfischfangs. Im Mai und Juni ziehen Schwärme von Thunfischen auf ihrem Weg durch die Meerenge von Gibaltar zu den Laichgewässern im Mittelmeer. Schon die Phönizier und später die Römer haben die Thunfische an dieser Küste gefangen und gehandelt. Die Fische wurden in Dreiecke und Vierecke zerschnitten, mit Salzschichten bedeckt, mehrere Monate in Silos gelagert, bis die Stücke in Amphoren verpackt und ins gesamte Römische Imperium verschickt wurden.

Die Ruinen der römischen Stadt Baelo Claudia, gegründet im 2. Jahrhundert v. Chr. als Fischfabrik, wurde später eine befestigte Stadt mit sehr großen Stadttoren und einer mächtigen Mauer. An der Kreuzung der beiden Hauptstraßen Decumanus Maximus (Ost-West-Achse) und Cardo Maximus (Nord-Süd-Achse) wurden die öffentlichen Gebäude errichtet. Besichtigen konnten wir die Säulen einer Basilika, das Forum, drei Tempelreste, ein kleines Theater und sogar einen ehemaligen römischen Pökelbetrieb in der Nähe des Strandes.

Ein fast unendliches Parkgelände finden wir am Strand von Zahara (CL-10). In der Nähe des Ortszentrums von Barbate entdecken wir auf einem steinigen, etwas schrägem Gelände einen Platz am Strand (CL-11) und der letzte Platz, den wir an der Atlantikküste anfahren, ist der Strandparkplatz in Conil (CL-12).

Wir beenden hier am Beginn der Atlantikküste unsere Reise entlang der Mittelmeerküste. Sicher, die spanische Küste ist durch Hochhäuser, Touristensilos und Ferienhaussiedlungen ziemlich zugewuchert, aber es gibt sie noch, die einsamen, naturbelassenen Strände. Man muss sie nur finden. Vor allem in Naturschutzgebieten haben wir schöne Aufenthalts- und Schlafplätze an reizvollen Stränden und Buchten entdeckt.

Tour 11
An der Costa de la Luz

Am Strand von Marbella

Tour 11: **An der Costa de la Luz**

Nr.	Ort, Bezeichnung	Stell-plätze A	Gast-haus	Häu-ser	WC	Bad See	Orts-nähe B	Ent-sorg.	Park-dauer C	Park-gebühr D
CL-1	Torreguadiaro, Playa Sardina **	10	-	-	-	+	x	-	1	0
CL-2	Sotogrande, Puerto **	5	-	+	-	-	x	-	1	0
CL-3	Santa Margarita, Playa ***	10	+	-	-	+	x	-	1	0
CL-4	Algeciras-Getares, Paya **	20	+	+	-	+	5	-	1	0
CL-5	Tarifa, Playa des los Lances ***	100	-	-	-	+	x	-	1	0
CL-6	Tarifa, Arte ***	10	+	-	-	+	x	-	1	0
CL-7	**Tarifa, Windsurf Bar ** **	**10**	**+**	**-**	**+**	**+**	**x**	**-**	**T**	**P**
CL-8	Tarifa, Ucpa Playa ***	50	+	-	+	+	x	-	1	0
CL-9	Tarifa, Playa de Valdevaqueros ***	10	-	-	-	+	x	-	1	0
CL-10	Zahara, Playa del Carmen ***	100	+	+	-	+	8	-	1	0
CL-11	Barbate, Leuchtturm **	20	+	+	-	+	5	-	1	0
CL-12	Conil, Playas **	20	-	+	-	+	x	-	1	0

Legende

****	sehr ruhige und sehr schöne Lage.
***	sehr ruhige und schöne Lage.
**	ruhige und gute Lage.
*	keine ruhige Lage.
A	Stellplätze gestaffelt nach 3, 5, 10, 20, 30, 50 Wohnmobilen. Dabei wird angenommen, dass nur die Hälfte des Platzes zur Verfügung steht und die andere Hälfte durch Pkws belegt ist.
B	Fußweg in Minuten, x über 15 min Fußweg.
C	Aufenthaltsdauer in Tagen.
D	Stellplatzgebühr in Euro pro Wohnmobil und 24 Stunden oder Parkgebühr.
P	Parkgebühr in der Saison.
T	Aufenthaltsdauer einige Tage.
U	Aufenthaltsdauer unbegrenzt.
fett	Wohnmobil-Stellplatz
(gelb)	Parkplatz
(grün)	Wohnmobil-Stellplatz

Strand bei Tarifa

11312 Torreguadiaro (Cádiz) Playa de Cala Sardina** CL-1

Holpriges **Parkgelände** am Strand in ruhiger und schöner Lage.

Bei Anfahrt aus dem Osten von Estepona vor Sotogrande im Kreisel rechts Richtung Puerto de Sotogrande/Torreguadiaro abbiegen. Nach 100 m links auf die zum Strand führende Piste abbiegen. Noch 400 m bis zum Parkgelände rechts und links.

Breiter Sandstrand am Platz.
Ganzjährig zugänglich.
Angeln am Strand.
Ausflug nach Estepona.
Ausflug nach Ronda.
Ausflug nach Gibraltar.
Fahrt nach Algeciras.
Keine Parkgebühr.
Holpriges Parkgelände und holprige Zufahrt für 10 Wohnmobile.
Kein Schatten.

11310 Sotogrande (Cádiz) Puerto** CL-2

Parkplatz vor dem Hafen in ruhiger Lage.

Bei Anfahrt aus dem Osten von Estepona vor Sotogrande im Kreisel rechts Richtung Puerto de Sotogrande/Torreguadiaro abbiegen. 1,2 km nach dem Ortsanfang Torreguadiaro rechts Richtung Puerto de Sotogrande abbiegen und die Straße unterqueren. 500 m nach der Unterführung wird der Parkplatz rechts erreicht.

Häuser am Platz.
Ganzjährig zugänglich.
Fahrt nach Estepona.
Fahrt nach Marbella.
Ausflug nach Ronda.
Ausflug nach Gibraltar und Algeciras.
Keine Parkgebühr.
Asphaltierte, ebene Stellflächen für 5 Wohnmobile.
Kein Schatten.
Zufahrt zum Hafen und nach Sotogrande abgeschrankt.

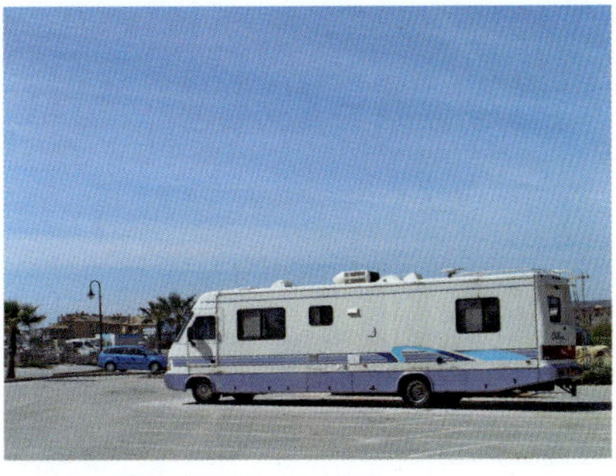

11315 Santa Margarita (Cádiz) Playas las Panavas*** CL-3

Parkgelände am Strand in sehr ruhiger und schöner Lage.

Bei Anfahrt aus dem Osten von Estepona von der N340 Richtung La Linea abbiegen (A124/A383). Nach der Unterführung nach 200 m links Richtung La Linea fahren. Nach weiteren 3,5 km rechts Richtung Santa Margarita abbiegen und die Straße kreuzen. Nach weiteren 1,9 km am Ende der Straße rechts Richtung Playas las Pavanas fahren und nach 200 m links auf die Piste zum Strand abbiegen. Noch 200 m bis zum Platz rechts.

Hotel in der Nähe.
Meeresblick von den Parkplätzen.
Etwas einsame Lage.
Breiter, sehr langer Sandstrand am Platz.
Ganzjährig zugänglich.
Angeln am Strand.
Ausflug zur Costa del Sol.
Ausflug nach Gibraltar und Algeciras.
Keine Parkgebühr.
Stellmöglichkeiten für 10 Wohnmobile.
Holpriges und teilweise befestigtes Parkgelände.
Kein Schatten.
Kilometerlanger Parkstreifen an der Straße.

11207 Algeciras-Getares (Cádiz) Playa de Getares** CL-4

Großer asphaltierter **Parkplatz** am Strand in sehr ruhiger und schöner Lage.

Bei Anfahrt aus dem Osten von Estepona 6 km nach der Brücke über den Fluss – 4,3 km nach der ersten Ausfahrt zum Puerto (106) – von der N340 links Richtung Getares abbiegen (Lkw-Verbot über 5,5 t). Nach 1,1 km im Kreisel links dem Wegweiser Playa de Getares folgen. Nach weiteren 500 m – 100 m nach dem Ortsanfang Algeciras – rechts abbiegen. Noch 200 m bis zum Platz. Bei Anfahrt aus dem Osten von Cadiz vor Algeciras rechts Richtung Getares abbiegen.

Gaststätten und Häuser am Platz.
Sandstrand am Platz.
Müllcontainer am Platz.
Ganzjährig zugänglich.
Wohnmobile oft anzutreffen.
Besichtigung von Algeciras: Plaza Alta, Barrio de San Isidro, barocke Pfarrkirche, Mercado de Abasto.
Ausflug nach San Roque und Castellar de la Frontera.
Ausflug nach Cadiz.
Ausflug nach Gibraltar.
Keine Parkgebühr.
Asphaltierte, leicht schräge Stellflächen für 20 Wohnmobile.
Kein Schatten.

11380 Tarifa (Cádiz) Playa des los Lances *** CL-5

Großer befestigter **Parkplatz** am Strand in sehr ruhiger und schöner Lage.

Bei Anfahrt aus dem Osten von Tarifa 2,5 bzw. 3 km (zwei Zufahrten) nach der westlichen Zufahrt Tarifa links dem Wegweiser Playa des los Lances folgen. Nach 200 m werden die Parkplätze erreicht.
Koordinaten: 36° 2,88' Nord, 5° 38,45' West.
Koordinaten: 36° 2' 53" Nord, 5° 38' 27" West.

Meeresblick. Zufahrt 2,5 m Breite.
Sehr breiter (120 m) und sehr langer (4,6 km) Sandstrand am Platz.
Dünengelände und Pinienhain am Platz.
Müllcontainer am Platz.
Ganzjährig zugänglich.
Wohnmobile immer anzutreffen.
Surfen und Wassersport.
Angeln vom Strand.
Ausflug nach Cadiz.
Ausflug nach Gibraltar und Algeciras.
Befestigte, ebene Stellflächen für 100 Wohnmobile.
Kein Schatten.

11380 Tarifa (Cádiz) Arte *** CL-6

Parkplatz am Strand in sehr ruhiger und schöner Lage.

Bei Anfahrt aus dem Osten von Tarifa 3,5 km nach der westlichen Zufahrt Tarifa links dem Wegweiser Hotel Arte folgen. Nach 200 m vor dem Restaurant rechts abbiegen. Noch 100 m. Bei Anfahrt aus dem Osten von Cadiz 500 m nach dem Camping Tarifa rechts zum Meer abbiegen.
Koordinaten: 36° 03,14' Nord, 5° 38,86' West.
Koordinaten: 36° 03' 08" Nord, 5° 38' 52" West.

Restaurant am Platz.
Teilweise Meeresblick.
Breiter Sandstrand und Dünen am Platz.
Ganzjährig zugänglich.
Wohnmobile immer anzutreffen.
Surfen und Wassersport.
Angeln vom Strand.
Ausflug nach Cadiz.
Ausflug nach Gibraltar und Algeciras.
Keine Parkgebühr.
Befestigte, ebene und leicht schräge Stellflächen für 10 Wohnmobile.
Schatten durch hohe Bäume auf dem ersten Platz.
Parkverbot ab 21.00 Uhr auf dem ersten Parkplatz mit Pinien links.

11380 **Tarifa (Cádiz)** Windsurf Bar ** — CL-7

Stellplatz in Strandnähe in sehr ruhiger und schöner Lage.

Bei Anfahrt aus dem Osten von Tarifa 7,3 km nach der westlichen Zufahrt Tarifa links dem Wegweiser Windsurf Bar folgen. Nach 200 m links zum Parkplatz vor der Bar abbiegen.

Bar und Imbiss am Platz.
Sehr breiter Sandstrand am Platz.
WC am Platz. Wasserversorgung möglich.
Nur während der Öffnungszeiten der Bar zugänglich.
Schranke sonst geschlossen.
Wohnmobile oft anzutreffen.
Surfen und Wassersport.
Angeln vom Strand.
Ausflug nach Cadiz.
Ausflug nach Gibraltar und Algeciras.
Parkgebühr in der Saison.
Befestigte, ebene Stellflächen für 10 Wohnmobile
und Stellflächen auf Grasgelände.
Wenig Schatten.

11380 **Tarifa (Cádiz)** Ucpa Playa *** — CL-8

Holpriges **Parkgelände** am Strand in sehr ruhiger und schöner Lage.

Bei Anfahrt aus dem Osten von Tarifa 7,6 km nach der westlichen Zufahrt Tarifa links dem Wegweiser Ucpa Playa/Beach folgen. Nach 500 m auf sehr holpriger Piste wird das Parkgelände am Strand erreicht.
Koordinaten: 36° 4,21' Nord, 5° 41,00' West.
Koordinaten: 36° 4' 13" Nord, 5° 41' 01" West.

Gaststätte und Supermarkt an der Zufahrt.
Bar am Platz.
Meeresblick.
Sehr breiter Sandstrand am Platz.
WC in der Nähe.
Wasserversorgung möglich.
Ganzjährig zugänglich.
Wohnmobile immer anzutreffen.
Surfen und Wassersport.
Angeln vom Strand.
Ausflug nach Cadiz.
Ausflug nach Gibraltar und Algeciras.
Holprige ebene und schräge Stellflächen
für 50 Wohnmobile.
Kein Schatten.

11380 Tarifa (Cádiz) Playa de Valdevaqueros*** CL-9

Zwei **Parkstreifen** am Strand in sehr ruhiger und schöner Lage.

Von der N340 Richtung Punta Paloma abbiegen (A2325). Nach 1,2 km links dem Wegweiser Playa Valdevaqueros folgen. Noch 600 m bis zum Platz.
Koordinaten: 36° 4,16' Nord, 5° 41,48' Ost.
Koordinaten: 36° 4' 10" Nord, 5° 41' 29" Ost.

Zwei Pfosten (2,50 m Breite) an der Zufahrt.
Blick auf den Strand und das Meer.
Einsame Lage.
Breiter Sandstrand am Platz.
Schwimmen, Surfen und Wassersport.
Angeln vom Strand.
Ganzjährig zugänglich. Mobile fast immer anzutreffen.
Besichtigung von Tarifa.
Ausweichparkplatz im Wald.
1,3 km Richtung Punta Paloma.
Koordinaten: 36° 3,92' Nord, 5 ° 42,25' West.
Ausflug nach Cadiz.
Ausflug nach Gibraltar und Algeciras.
Keine Parkgebühr.
Asphaltierte, ebene Stellflächen. für 10 Wohnmobile.
Etwas Schatten.

11393 Zahara (Cádiz) Playa del Carmen*** CL-10

Sehr großes **Parkgelände** am Strand in sehr ruhiger und schöner Lage.

Bei Anfahrt aus dem Westen und Norden im Kreisel Richtung Zahara abbiegen. Nach 700 m (Calle Gobernador Sanchez González) rechts Richtung Playa del Carmen abbiegen. Noch 100 m bis zum Parkgelände links. Bei Anfahrt aus dem Osten (Küstenstraße) 600 m nach dem asphaltierte Parkplatz links dem Wegweiser Parking Playa folgen. Noch 100 m.
Koordinaten: 36° 8,04' Nord, 5° 50,72' West.
Koordinaten: 36° 8' 02" Nord, 5° 50' 43" West.

Mehrere Zufahrten zum Parkgelände.
Blick auf den Strand und das Meer.
Gaststätten und Häuser am Platz.
Breiter Sandstrand am Platz.
Schwimmen, Surfen und Wassersport.
Angeln vom Strand.
Ganzjährig zugänglich.
8 Minuten Fußweg zur Ortsmitte.
Ausflug nach Cadiz.
Ausflug nach Gibraltar und Algeciras.
Keine Parkgebühr.
Befestigte, ebene Stellflächen für 100 Wohnmobile.
Kein Schatten.
Für Caravan verboten.

11160 Barbate (Cádiz) Leuchtturm ** CL-11

Parkplatz am Strand in ruhiger und schöner Lage.

Bei Anfahrt aus dem Westen (A2231) nach dem Hafen links Richtung Playa Carmen abbiegen. Nach 100 m links fahren, nach 200 m rechts abbiegen und nach 100 m auf der Küstenstraße rechts fahren. Noch 200 m bis zum Platz rechts. Bei Anfahrt aus dem Osten 1,7 km nach der Brücke links abbiegen. Dann wie oben.
Koordinaten: 36° 11,30' Nord, 5° 55,38' West.
Koordinaten: 36° 11' 18" Nord, 5° 55' 23" West.

Blick auf das Meer.
Gaststätten und Geschäfte in der Nähe.
Häuser am Platz.
Breiter Sandstrand am Platz.
Schwimmen, Surfen und Wassersport.
Angeln vom Strand.
Ganzjährig zugänglich, außer freitags (Markt).
5 min Fußweg zur Ortsmitte.
Ausflug nach Cadiz.
Ausflug nach Gibraltar und Algeciras.
Keine Parkgebühr.
Befestigte, steinige, ebene und schräge Stellflächen für 20 Wohnmobile.
Kein Schatten.

11140 Conil (Cádiz) Playas ** CL-12

Parkplatz am Strand in ruhiger und schöner Lage.

Von der Ausfahrt 26 der Autobahn A48 Richtung Conil/Playas fahren, nach 3,5 km links und nach 1,1 km rechts den Wegweisern Playas folgen. Nach 300 m werden die Plätze links erreicht.
Koordinaten: 36° 16,29' Nord, 6° 05,29' West.
Koordinaten: 36° 16' 17" Nord, 6° 05' 16" West.

Häuser am Platz.
Sehr breiter Sandstrand am Platz.
Wohnmobile oft anzutreffen.
Schwimmen, Surfen und Wassersport.
Angeln vom Strand.
Ganzjährig zugänglich, außer freitags (Markt).
Wandern und Radtouren an der Küste.
Ausflug nach Cadiz.
Ausflug nach Gibraltar und Algeciras.
Keine Parkgebühr.
Asphaltierte, ebene Stellflächen für 20 Wohnmobile.
Wenig Schatten.

Stellplatzverzeichnis

Stellplatzverzeichnis

Stellplatzverzeichnis

Ausflug auf dem Ebro

Kleiner Sprachführer für Wohnmobiltouristen

Deutsch – Spanisch

Deutsch	Spanisch
Abendessen	cena
abends	por la noche
Achtung	cuidado
Apfel	manzana
Apfelsine	naranja
Apotheke	farmacia
Arzt	doctor/médico
auf Wiedersehen	adiós
Auskunft	información
Aussicht	vista
Aussichtspunkt	miradero/mirador
Ausweis	pasaporte
Auto	coche
Autobahn	autopista
Bach	torrente
Bäcker	panadero
Bahnhof	estación
Bank	banco
Bauernhof	finca
Berg	monte
Bier	cerveza
billig	barato
Birne	pera
bitte	por favor
Bohnen	alubias
Brot	pan
Brücke	puente
Bucht	cala
Burg	castillo
Bus	autobús
Butter	mantequilla
danke	gracias
deutsch	alemán
Dienstag	martes
Donnerstag	jueves
Dorf	pueblo
dort	allí
Ebene	vega
Ei	huevo
Eingang	entrada/puerta
Einsiedelei/Kirche	ermita
ein Stück von	una pieza de
Entschuldigung	perdón
englisch	inglés
Erbsen	guisantes
essen	comer
Fahrbahn	pista
fahrbar	viable/transitable
fahren	conducir
Festtag	día festivo
Festung	castillo
Fisch	pescado
Flasche	botella
Fleisch	carne
Fleischer	carnicero
Fluss	río
Freitag	viernes
früh	tard/temprano
Frühstück	desayuno
Gabel	tenedor
Garten	huerto
Gasse	calle
Gebirge	monte
Gebirgspass/Anhöhe	alto
Gefahr/gefährlich	peligro/peligroso
Gehöft	mas
Gemüse	legumbres/verdura
Gemüseanbaugebiet	huerta
Genossenschaft	cooperativa
geöffnet	abierto
Gepäck	equipaje
geradeaus	todo recto
Geschäft	tienda
geschlossen	cerrado
gestern	ayer
Getränk	bebida
Gewitter	tormenta
Glas	vaso
Gold	oro
groß	grande
guten Abend	buenas tardes
gute Nacht	buenas noches
guten Tag	buenos días
Häppchen	tapa
Hafen	puerto
Hallo	hola

Deutsch	Spanisch
halten	sostener
Hauptstraße	calle mayor
Hauptstraße	carretera
Haus	mas
Heilbad	balneario
Heiliger	santo
Heiligtum	santuario
Herberge	fonda
heute	hoy
hier	aqui
Höhle	cueva
Hof	patio
ich brauche	necesito
Ich verstehe nicht	no entiendo
Imbissbuden	chiringuitos
Information	información
Insel	isla
ja	si
Jahr	ano
Johannisbrotbaum	algarroba
Käse	queso
Kap	cabo
Karotte	zanahoria
Kartoffel	patata
kaufen	comprar
kein Eingang	prohibido
Kirche	iglesia
klein	pequeno
Knoblauch	ajo
krank	enfermo/malo
Krankenhaus	hospital
Kreuz	cruz
Land	campo
Lebensmittel	alimentos
Liegestühle	tumbonas
Limonade	limonada
links	izquierda
Löffel	cuchara
Mandelbaum	almendro
Markt	mercado
Messer	cuchillo
Milch	leche
Mineralwasser	agua mineral
Minute	minuto
Mittagessen	almuerzo

Deutsch	Spanisch
mittags	al mediodía
Mittwoch	miércoles
Monat	mes
Montag	lunes
morgen	manana
morgens	por la manana
Moschee	mezquita
Museum	museo
nachmittags	por la tarde
Nachspeise	postre
nachts	por la noche
Namen	nombre
Navigation	navegación
Nebel	niebla
nein	no
Nudeln	fideos
Nudeln	pastas alimenticias
Obst	fruta
Olive	aceituna
Olivenbaum	olivo
Omelette	tortilla
Orange	naranja
Ortspolizei	guardia municipal
Osten	levante/este
Palast	palacio
Panne	avería
Panorama	vista
Paprika	pimentón
parken	aparcar
Parkplatz	aparcamiento
Picknick-Platz	merendero
Platz	plaza
Polizei	guardia civil
Portion	ración
Postamt	correos
Preis	precio
Provinz	provincia
Quelle	fuente
Rathaus	casa consistorial
Rathaus	ayuntamiento
Rechnung/Quittung	recibo/factura/cuenta
rechts	derecha
Regen	lluvia
Regenwasser	agua pluviales
Reis	arroz

Deutsch	Spanisch
reservieren	reservar
Rotwein	vino tinto
Salat	ensalada
Salz	sal
Samstag	sábado
Schiff	nave
Schinken	jamón
Schlachter	carnicero
Schloss	palacio
Schlucht	barranco
Schnee	nieve
schön	bello
Schwimmbad	piscina
See	lago
Seilbahn	funicular
Silber	plata
Sonne	sol
Sonnenschirm	parasoles
Sonntag	domingo
spät	tarde
Speisekarte	carta
Sprechen Sie Deutsch?	Habla alemán?
Sprechen Sie Englisch ?	Habla inglés?
Staatsstraße/Nationalstr.	carretera
Stadt	ciudad
Stadtplan	plano de la ciudad
städtisch	municipal
Standseilbahn	funicular
Staudamm	presa
Strand	playa
Straße	calle
Stunde	hora
Suppe	potaje/sopa
Tafelwasser	agua de mesa
Tag	día
Tal	valle
Tankstelle	gasolinera
Telefon	teléfono
Teller	plato

Deutsch	Spanisch
teuer	caro
Tisch	mesa
Tomate	tomate
Tor	puerta
trinken	beber
Trinkwasser	agua potable
trockenes Flussbett	rambla
Tür	puerta
Turm	torre
Unfall	accidente
vegetarisch	vegetariano
verboten	prohibido
viel	mucho
Vorsicht	cuidado
Vorspeisen	entremeses
Wallfahrt	romería
Wasser	agua
Weg	camino
Wein	vino
Weißwein	vino blanco
wenig	poco
Werkstatt	taller
Wie komme ich nach?	Como voy a?
Wieviel?	Cuánto?
Wieviel kostet das?	Cuánto vale esto?
willkommen	bienvenidos
Woche	semana
Wo gibt es?	Dónde hay por aqui?
Wohnmobil	autocaravana
Wohnviertel	barrio
Wohnwagen	caravana
Wurst	embutido
zahlen	pagar
Zelt	tienda de campana
Zitrone	limón
Zwiebel	cebolla
Zug	tren

Kleiner Sprachführer für Wohnmobiltouristen

Spanisch – Deutsch

Spanisch	Deutsch
abierto	geöffnet
aceituna	Olive
accidente	Unfall
adiós	auf Wiedersehen
agua	Wasser
agua de mesa	Tafelwasser
agua mineral	Mineralwasser
aguas pluviales	Regenwasser
agua potable	Trinkwasser
ajo	Knoblauch
alemán	deutsch
alimentos	Lebensmittel
algarroba	Johannisbrotbaum
almuerzo	Mittagessen
allí	dort
al mediodía	mittags
almendro	Mandelbaum
alto	Gebirgspass/Anhöhe
alubias	Bohnen
ano	Jahr
aparcar	parken
aparcamiento	Parkplatz
aqui	hier
arroz	Reis
autobús	Bus
autocaravana	Wohnmobil/Reisemobil
autopista	Autobahn
avería	Panne
ayer	gestern
ayuntamiento	Rathaus
balneario	Heilbad
banco	Bank
barato	billig
barranco	Schlucht
barrio	Wohnviertel
beber	trinken
bebida	Getränk
bello	schön
bienvenidos	willkommen
botella	Flasche
buenos días	guten Tag
buenas noches	gute Nacht
buenas tardes	guten Abend
cabo	Kap
cala	Bucht

Spanisch	Deutsch
calle	Straße/Gasse
calle mayor	Hauptstraße
camino	Weg
campo	Land
chiringuitos	Imbissbuden
caravana	Wohnwagen
carne	Fleisch
carnicero	Fleischer/Schlachter
caro	teuer
carretera	Nationalstr./Hauptstr.
carta	Speisekarte
casa consistorial	Rathaus
castillo	Burg/Festung
cebolla	Zwiebel
cena	Abendessen
cerrado	geschlossen
cerveza	Bier
ciudad	Stadt
coche	Auto
comer	essen
Cómo voy a?	Wie komme ich nach?
comprar	kaufen
conducir	fahren
cooperativa	Genossenschaft
correos	Postamt
cruz	Kreuz
Cuánto?	Wieviel?
Cuánto vale esto?	Wieviel kostet das?
cuchara	Löffel
cuchillo	Messer
cuenta	Rechnung (Restaurant)
cueva	Höhle
cuidado	Achtung/Vorsicht
derecha	rechts
desayuno	Frühstück
día	Tag
día festivo	Festtag
doctor/médico	Arzt
domingo	Sonntag
dónde hay por aqui?	Wo gibt es?
embutido	Wurst
enfermo	krank
ensalada	Salat
entrada	Eingang
entremeses	Vorspeisen

Spanisch	Deutsch
equipaje	Gepäck
ermita	Einsiedelei/Kirche
estación	Bahnhof
factura	Rechnung
farmacia	Apotheke
fonda	Herberge
fideos	Nudeln
finca	Landgut/Bauernhof
fruta	Obst
fuente	Quelle
funicular	Standseilbahn
gasolinera	Tankstelle
gracias	danke
grande	groß
guardia civil	Polizei
guardia municipal	Ortspolizei
guisantes	Erbsen
Habla alemán?	Sprechen Sie Deutsch?
Habla inglés?	Sprechen Sie Englisch ?
hola	Hallo
hora	Stunde
hospital	Krankenhaus
hoy	heute
huerta	Gemüseanbaugebiet
huerto	Garten
huevo	Ei
iglesia	Kirche
información	Information/Auskunft
inglés	englisch
isla	Insel
izquierda	links
jamón	Schinken
jueves	Donnerstag
lago	See
leche	Milch
legumbres/Verduras	Gemüse
levante/este	Osten
limón	Zitrone
limonada	Limonade
lluvia	Regen
lunes	Montag
malo	schlecht
manana	morgen
mantequilla	Butter
manzana	Apfel

Spanisch	Deutsch
mercado	Markt
martes	Dienstag
mas	Gehöft/Haus
médico	Arzt/Doktor
merendero	Picknick-Platz
mes	Monat
mesa	Tisch
mezquita	Moschee
miércoles	Mittwoch
minuto	Minute
miradero/mirador	Aussichtspunkt
monte	Berg/Gebirge
mucho	viel
municipal	städtisch
museo	Museum
naranja	Orange/Apfelsine
nave	Schiff
navegación	Navigation
necesito	ich brauche
niebla	Nebel
nieve	Schnee
no	nein
no entiendo	Ich verstehe nicht
nombre	Namen
olivo	Olivenbaum
oro	Gold
pagar	zahlen
palacio	Palast/Schloss
pan	Brot
panadero	Bäcker
Parasoles	Sonnenschirm
pasaporte	Ausweis
pastas alimenticias	Nudeln
patata	Kartoffel
patio	Hof
peligro/peligroso	Gefahr/gefährlich
pequeno	klein
perdón	Entschuldigung
pera	Birne
pescado	Fisch
plano de la ciudad	Stadtplan
plata	Silber
playa	Strand
pimentón	Paprika
piscina	Schwimmbad
pista	Fahrbahn
plato	Teller
plaza	Platz

Spanisch	Deutsch
poco	wenig
por favor	bitte
por la manana	morgens
por la noche	abends/nachts
por la tarde	nachmittags
postre	Nachspeise
potaje/sopa	Suppe
precio	Preis
presa	Staudamm
prohibido	verboten/kein Eingang
provincia	Provinz
pueblo	Dorf
puente	Brücke
puerta	Tor/Tür/Eingang
puerto	Hafen
queso	Käse
ración	Portion
rambla	trockenes Flussbett
reservar	reservieren
recibo	Qittung
río	Fluss
romería	Wallfahrt
sábado	Samstag
sal	Salz
santo	Heiliger
santuario	Heiligtum
semana	Woche
teléfono	Telefon
tenedor	Gabel
tienda	Geschäft
tienda de campana	Zelt
todo recto	geradeaus
tomate	Tomate
tormenta	Gewitter
torre	Turm
torrente	Bach
tortilla	Omelette
tren	Zug
tumbonas	Liegestühle
una pieza de	ein Stück von
valle	Tal
vaso	Glas
vega	Ebene
vegetariano	vegetarisch
verdura/legumbres	Gemüse
viable/transitable	fahrbar
vientiuno	einundzwanzig
viernes	Freitag
vino	Wein
vino blanco	Weißwein
vino tinto	Rotwein
vista	Aussicht/Panorama
zanahoria	Karotte

Zahlen

Spanisch	Deutsch
uno	eins
dos	zwei
tres	drei
cuatro	vier
cinco	fünf
seis	sechs
siete	sieben
ocho	acht
nueve	neun
diez	zehn
once	elf
doce	zwölf
trece	dreizehn
catorce	vierzehn
quince	fünfzehn
dieciséis	sechszehn
diecisiete	siebzehn
dieciocho	achtzehn
diecinueve	neunzehn
veinte	zwanzig
vientiuno	einundzwanzig
treinta	dreizig
cuarenta	vierzig
cincuenta	fünfzig
sesenta	sechzig
setenta	siebzig
ochenta	achtzig
noventa	neunzig
cien	hundert
mil	tausend

Buchserie „Wohnmobil-Stellplätze"

Unentbehrliche Nachschlagewerke für alle Wohnmobiltouristen, die gern auf ruhig und schön gelegenen Stellplätzen übernachten.

Von den Gemeinden eingerichtete Plätze.
Insidertipps und eigene Erfahrungen.
Gleichzeitig sind die Bücher Reiseberichte über europäische Ferienlandschaften.

Band 6: Wohnmobil-Stellplätze Österreich
Ferienlandschaften

Ein Buch über 200 freie Stellplätze in Österreich, die sich im Sommer hervorragend für einen Wanderurlaub, zum Surfen und Segeln, im Winter zum Skilaufen eignen. Wochenreisen führen durch Österreichs Ferienlandschaften: Vorarlberg – Montafon – Tirol – Waldviertel – Innviertel – Mühlviertel – Wachau – Salzkammergut – Wien – Neusiedler See – Wiener Hausberge – Kitzbüheler Alpen – Hohe Tauern – Salzburg – Tennengebirge – Gasteiner Tal – Dachstein – Ennstaler Alpen – Hochschwab – Osttirol – Kreuzeckgruppe – Gailtaler Alpen – Kärntner Seen – Lavanttaler Alpen.

€ 19,90 4. Auflage. ISBN 978-3-941951-23-5

Band 12: Wohnmobil-Stellplätze Griechenland
Ionische Küste – Chalkidike – Thrakien
Ägäische Küste – Mazedonien – Attika – Peloponnes

Im Ferienland Griechenland werden die schönsten freien Stellplätze und die interessantesten Touren beschrieben. Viele Stellplätze liegen unmittelbar am Meer. Feine Sandstrände, steile Felsen und verschwiegene Buchten bestimmen die Küsten des Landes. Aber Griechenland bietet noch mehr als großartige Landschaften und unberührte Strände. Liebenswerte, freundliche Menschen trifft man überall. Die vielen Sehenswürdigkeiten aus der Antike und dem Mittelalter beeindrucken die Besucher. Nirgendwo sonst lassen sich Badeurlaub und Kulturerlebnisse miteinander verbinden wie in Griechenland. Griechenland mit dem Wohnmobil – das ist ein Traumurlaub.

€ 9,90 1. Auflage. ISBN 3-932538-13-7

Band 13: Wohnmobil-Stellplätze Italien Süd
Toskana – Latium – Kalabrien – Sizilien – Apulien

Unverbaute, schön gelegene Strände und Buchten, die großartigen kulturellen Sehenswürdigkeiten in der Mitte und im Süden Italiens und auf Sizilien, idyllische Stellplätze für den Strandurlaub an der Adria, am Thyrrenischen und Ionischen Meer und Stellplätze auf Sizilien werden ausführlich beschrieben. Auf ruhig und schön gelegenen Übernachtungsplätzen findet der Wohnmobiltourist Erholung und Entspannung. Ferienlandschaften: Toskana, Latium, Kampanien, Kalabrien, Sizilien, Basilikata, Apulien, Umbrien, Marken.

€ 19,90 2. Auflage. ISBN 978-3-932538-32-2

Band 14: Wohnmobil-Stellplätze Italien Nord
Alpen – Lombardei – Adria – Riviera – Sardinien

Unverbaute, schön gelegene Strände und Buchten, die großartigen kulturellen Sehenswürdigkeiten im Norden Italiens, idyllische Stellplätze für den Strandurlaub an der Adria, an der Riviera, auf Sardinien und Stellplätze für den Winterurlaub in den Alpen werden ausführlich beschrieben. Auf ruhig und schön gelegenen Übernachtungsplätzen findet der Wohnmobiltourist Erholung und Entspannung. Ferienlandschaften: Pustertal – Grödental – Dolomiten – Eggental – Fleimstal – Lago Maggiore – Lago Varese – Lago d'Iseo – Gardasee – Golf von Venedig – Aostatal – Po-Ebene – Po-Delta – Riviera – Adriatische Küste – die Küsten Sardiniens.

€ 19,90 4. Auflage. ISBN 978-3-932538-31-5